山 东 省 职 业 教 育 课 程 改 革 教 材

三 年 制 中 职 各 专 业 通 用 教 材

应用写作 选修

主　编◎赵玉柱　于朝兰

山东出版传媒股份有限公司

山东人民出版社 · 济南

国家一级出版社 全国百佳图书出版单位

编委会

主　编　赵玉柱　于朝兰

副主编　徐　敏　张颖梅　周育红　孟子龙

编　委　王　健　赵玉侠　刘雪芹　马和龙

李　玉　徐　静　马　力

目　录 | CONTENTS

理论模块

实践模块

理论模块

应用写作是什么？它跟作文是一回事吗？它有什么用处？如何学好它？每一位好学上进的同学在打开这本书时，往往会产生这样的疑问。那么，就让我们带着这些问题，一起走进理论模块，在教学相长的融洽氛围中，释疑解惑，开启应用写作之旅吧！

绪论　认知应用文

训练目标及要求

一、了解应用文的含义、特点、分类及作用；

二、熟悉应用文语言的基本特征和主要表达方式；

三、熟悉应用文惯用语和常用单句句型，并能够在实际写作中正确运用；

四、了解应用文写作过程中出现的常见问题，并能在实际写作中避免；

五、能够区分日常生活、学习、工作中用到的应用文与非应用文；

六、通过理论模块学习，养成正确的应用写作意识、规范意识。

任务一　了解应用文基本知识

任务目标

1.结合日常生活中熟悉的例子认识应用文，了解应用文的概念；

2.结合具体的情境了解应用文的作用；

3.结合例文分析，熟悉应用文语言的基本特征和常用表达方式；

4.根据所学理论，能区分应用文与非应用文；

5.阅读案例，了解学习应用文写作的意义，提升对应用文写作在日常生活、学习、工作中作用的认知。

一、任务情境

赵明暑假后就是中职三年级了，他学的是机电一体化专业，想毕业后直接就业，于是向在某公司人力资源部工作的表哥请教。表哥了解情况后提出建议：第一，中职毕业就求职学历太低，要继续提升学历层次；第二，必须有一技之长；第三，会写应用文，因为入职前和入职后经常用到。赵明听取表哥的建议，决定改变毕业后就找工作的想法。他打定主意要认真复习，备战春季高考，选修应用写作课，写好应用文。但赵明有一个疑问：什么是应用文？以前语文课上写的作文不是应用文吗？

同学们，如果你们也有与赵明相同的疑问，那就开始系统学习下面的内容吧！

二、知识点击

（一）应用文的含义、特点、分类和作用

1.应用文的含义

著名教育家叶圣陶说过，大学毕业生不一定要能写小说、诗歌，但是一定要能写工作和生活中实用的文章，而且非写得既通顺又扎实不可。一个职业人，可以一辈子不从事文学创作，但很少有人一辈子不接触应用文写作的。在机关，公务员要经常写公文；在企事业单位，工作人员每年要写工作计划、总结、述职报告；在经济活动中，人们也常常会接触合同等经济文书的写作。应用文写作能力已经成为职业人员不可或缺的一项基本能力。

那么，什么是应用文呢？

应用文，顾名思义就是供人们在日常生活中使用的一种文体。既然是“应用”，就涉及“谁应用”和“什么情况下应用”两个方面的因素；既然是“应用”，就要方便，这样才能提高效率，因此在格式上要统一。基于以上考虑，我们对应用文作出如下定义：是指国家机关、企事业单位、社会团体以及人民群众在办理公私事务、传播信息、表述意愿时所使用的具有某种惯用格式的实用性文章。其中，“国家机关、企事业单位、社会团体以及人民群众”回答了“谁应用”的问题，“办理公私事务、传播信息、表述意愿”回答了“什么情况下应用”的问题，“具有某种惯用格式”表明了应用文在格式

上的统一性，“实用性”明确了应用文的本质属性。

2.应用文的特点

应用文具有直接功用性、内容真实性、思维逻辑性和格式稳定性等共同特点。

（1）直接的功用性。应用文最基本的特点就是“用”，为用而写，有用才写，这是应用文与其他文章的最大区别。应用文是为现实生活和工作服务的，运用它可以直接解决现实生活和工作中遇到的问题，进行公务和事务管理。

（2）内容的真实性。应用文的内容要真实，事实确凿，数据准确，这是应用文功用性的保证。如果内容不真实，就起不到应有的作用。

（3）思维的逻辑性。应用文在发挥其作用时是直接的、高效的，不像文学作品那样委婉含蓄。它直陈事理，不管是事事关系还是事理关系，都必须运用逻辑关系阐述明白，使前因后果一目了然。

（4）格式的稳定性。写作格式的固定是应用文的显著特征。它是历史留传、约定俗成的，不可随意违反其固定格式，否则就达不到应用文的写作目的。

3.应用文的分类

划分应用文的种类，可以帮助我们明确要学习的应用文的范围。按照应用文的功用来划分，其种类有：

（1）通用类：指在办公或事务办理中普遍使用的文书。

①党政公文类：指《党政机关公文处理工作条例》（中办发〔2012〕14号）中所规定的文种。公文是国家机关、社会组织和团体行使职权、办理公务所使用的法定文书。包括决议、决定、命令（令）、公报、公告、通告、意见、通知、通报、报告、请示、批复、议案、函、纪要15种。

②通用事务类：包括调查报告、工作总结、述职报告、简报、计划、规章制度和会议材料等。

③个人事务类：如日记、读书笔记及各类信函等。

（2）专用类：指专业性较强的文书。

①科技类：如毕业论文、学术论文、专利申请书、实验报告等。

②财经类：如市场预测报告、市场调查报告、经济活动分析报告及经济合同等。

③司法类：如诉状、辩护词、公证书和判决书等。

④传播类：如消息、通讯、特写和广告等。

此外，专用类还涵盖外交、军事等领域，但由于其使用太专一，不一一赘述。

4.应用文的作用

“文章，经国之大业，不朽之盛事。”在科学文化高度发展的当今社会，作为交流思想、传递信息的应用文，已经深入社会的各个领域，从政治、经济、军事、文化到人们的日常生活，几乎是无处不在，无时不用。应用文已成为党政机关进行管理的工具，是实现领导意图的重要手段；是个人学习、生活、求职、工作的得力助手。具体说来，学习应用文写作具有以下几方面的作用：

（1）计划管理。大到管理国家，小到工作生活，都离不开应用写作。党政机关为了更好地开展工作和加强管理，往往通过公文有计划、有步骤地部署各项工作。个人通过事务类应用文，如计划、总结等，可以科学、合理地安排自己的学习、生活、工作，使自己的人生目标更加明确，充分合理地利用时间，提高生活质量。

（2）交流沟通。美国著名社会预测学家约翰·奈斯比特在《大趋势——改变我们生活的十个新方向》一书中说：“在这个文字密集的社会里，我们比以往更需要具备基本的读写技巧。”应用文负载一定的信息量，能突破时空的限制，成为人们传递信息、组织生产、推广成果、交流思想、表达感情、加强协作的有效载体，应用文本身也在交流沟通的过程中实现了自身的价值。

（3）宣传教育。应用文作为文字载体，具有无声的宣传教育功能。党和国家的各项方针、政策，主要以公文为载体进行传播；单位的典型经验、个人的先进事迹，通常以事务类应用文的形式进行宣传；企业的产品推介，则大多以广告和产品说明书的形式让更多的受众知晓。

（4）规范凭证。应用文在格式上具有一定的规范性和稳定性，这不仅有助于提高工作效率，还可以给具体事务提供有效依据。各种票据是商品流通的基础性工具和凭证，契约则是对人们公务、商务活动的规范和制约。现代社会，应用文的工具性日益突显。

（二）应用文语言的基本特征和表达方式

1.应用文语言的基本特征

（1）准确。准确，就是要正确地、恰当无误地表达出所要表达的内容。用词含义清楚，概念恰当明确，不产生歧义，不引起误会，无溢美之词，无隐恶之嫌。

要做到语言准确，必须要把握词语的分寸感和合适度。特别是要区分同义词、近义词在适用范围、词义轻重、搭配功能、语体雅俗、词性差别等方面的细微差别。

要做到语言准确，还要注意语意鲜明，不能模棱两可、含糊其辞，以免产生歧义，延误工作。如“大致尚可”“有关部门”“条件许可时”“事出有因，查无实据”等表达含糊的词应谨慎使用。

（2）简明。简明，指文字的简洁、明白，用较少的文字清楚表达较多、较丰富的内容，要“有话则长，无话则短”。要做到简明，首先，要精简文意，压缩篇幅，突出主干，把无关或关系不大的内容删去。其次，要反复锤炼，提高概括能力，杜绝堆砌修饰语，适当使用缩略语，如“五讲四美”等。第三，要推敲词语，锤炼句子，一句话就能说明白的不用两句话，一个词能概括清楚的不用两个词。恰当地运用成语、文言词语等，也有助于语言的简明扼要。第四，要注意用词通俗，不用生僻晦涩的字句。“简”要得当，不能苟简，要以不影响内容的表达为前提，不能为简而生造词语、乱缩略、滥用文言，以免产生歧义。

（3）平实。应用文是为解决实际问题而写的，它的语言重在实用。一个字、一句话，往往至关重要。为了便于理解，应用文语言应力求平实。行文时多用平直的叙述、恰当的议论、简洁明了的说明。比如，公文具有行政约束力和法定的权威性，用语必须朴素、切实，忌浮夸失实，忌乱用形容词或俚俗口语。

（4）得体。应用文实用性强，讲究得体。一方面要适合特定的文体，按文体要求遣词用句，保持该文体的语言特色。如公文宜庄重，调查报告须平实，学术论文应严谨，社交文书须具有较浓的感情色彩，广告则擅用模糊的语言，使用说明书须具体实在，商业交际文书要委婉，合同书则要精确等。另一方面要考虑作者的身份、阅读的对象、约稿的单位、行文的目的，甚至与客观环境的和谐一致、恰如其分。比如需要登报或张贴的，语言要通俗易懂；需要宣读或广播的，语言应简明流畅，便于朗读；书信的写作，要根据远近亲疏、尊卑长幼的关系使用相应的语言；公文的写作，要根据不同文种和行文关系而使用相应的语言，否则就不得体。

2.应用文语言的表达方式

文章的表达方式一般有五种：叙述、描写、议论、抒情、说明。应用文常用的表达方式是叙述、说明、议论。

（1）叙述。叙述，指的是把人物的活动、经历和事件发展变化过程交代出来的一种表达方式，在应用文写作中是最基本、最常用的表达方式。

应用文写作中叙述的人称，有第一人称（“我”“我们”）、第二人称（“你”“您”“贵”）和第三人称（“他”“他们”“该”）。使用第一人称“我”“我们”，系指作者本人或作者所代表的群体、单位，如书信、请示、报告、总结等文体的写作，多用第一人称；公文中有时在单位前加“本”来表示所代表的机关，如“本局”。使用第二人称时，“你”用于称呼上级对下级或长辈对晚辈，“您”用于尊称；平级单位之间的公文往来，常常用“贵（局、公司……）”来称谓对方，以示敬重。新闻报道、简介、调查报告、会议纪要，为表明作者立场客观、公正，传播的信息真实、可信，常采用第三人称写作。

应用文中的叙述方式有顺叙、倒叙、插叙、分叙等。应用文中记叙事件的发展过程，介绍单位的基本情况，一般都是按顺叙，即以时间先后为序来叙述。其原因在于，应用文重在实用，不求委婉、曲折，故多采用直接的笔法叙事、说理。倒叙、插叙、分叙等用得较少，只在通讯、消息、调查报告的写作中才用得上。

应用文中的叙述要力求真实、准确，不带主观感情色彩；线索清晰，表述完整；以概述为主，尽可能用概括的语言说出其前因后果、来龙去脉，使读者了解其梗概。

> 2017年4月1日，在我局主办的2017年第四期全国环境监察干部岗位培训班结业考试中，××省××市环境监察支队××同志，在明令禁止的情况下私自夹带手机进入考场，拍摄考试试卷上传至培训班微信群。××省××市环境监察支队××同志，在提前交卷离开考场、其他学员仍在考试的情况下，用手机拍摄考试答案并上传至培训班微信群。上述两位同志的行为严重破坏了培训班考试纪律，违反了环境监察干部岗位培训班学员管理规定。

这段叙述“六要素”（时间、地点、人物、事件、经过、结果）齐全，叙述简洁又有条理，为后文得出结论（作出处分决定）提供了依据，增强了说服力。

（2）说明

说明，就是用简明扼要的文字对事物、事理及人物进行解说的表达方式。目的是使读者对事物的形态、构造、成因、性质、种类、功能，对事理的概念、特点、来源、演变、关系等有一个鲜明的了解和认识。

说明在应用文中使用广泛，如解说词、广告词、说明书、简介等文体，主要是用说明的方法来写的。其他文体如经济文书、科技文书、诉讼文书、行政公文等，也常常借助说明的方法剖析事理。

说明的常用方法有：

①举例说明：通过举具体的实例对事物的特征或事理加以说明，从而使被说明对象更具体，更有说服力。运用举例说明时，要求事例典型，能给人以深刻的印象；举例应扼要，只需概括介绍，不必具体铺叙。

> 物联网就是传感网，只是给人们生活环境中的物体安装传感器，这些传感器

可以更好地帮助我们认识环境，这个传感器网不接入互联网络。例如上海浦东机场的传感器网络，其本身并不接入互联网，却号称是中国第一个物联网。物联网与互联网的关系是相对独立的。

②数字说明：通过列举具体的数据对事物的特征或事理加以说明，从而使被说明对象更准确，更有说服力。数字说明要求数字准确无误，每个数据都要有来源。

2012年，中国物联网产业市场规模达到3650亿元，比上年增长38.6%。

③比喻说明：通过打比方突出被说明对象的特征。比喻说明应力求准确贴切。

蚕的小小身躯是一座非常奇妙的“加工厂”。

④分类说明：对被说明对象按一定的标准进行分类，使说明内容更具条理。运用分类说明时，要注意根据写作意图选择恰当的分类角度，再次分类只能依据一个标准，各类的总和要等于被分类的事物。

根据物联网与互联网的关系，不同专家学者对物联网给出了各自的定义，可归纳为如下四种类型：物联网是传感网，不接入互联网；物联网是互联网的一部分；物联网是互联网的补充网络；物联网是未来的互联网。

⑤比较说明：通过对不同事物的对比，突出被说明对象的特征。运用比较说明时，要求用来作比的事物与被比物相似，有明确的相比点，尽量用人们熟悉的事物作对比。

太平洋的面积差不多等于其他三个大洋的总和，比最小的北冰洋大十四倍。

⑥引用说明：通过引用名言、格言、谚语等使说明更有说服力。引用说明要求引文具有针对性，要贴切，所引资料要认真核实，使之准确可靠。

荔枝不耐贮藏，正如白居易说的：“一日而色变，二日而香变，三日而味变，四五日外，色香味尽去矣。”现经研究证实，温度保持在1℃到5℃，可贮藏三十天左右。

⑦画图表：用列图表的方式对事物的特征或事理加以说明，使说明更简明直观。图表说明要求选择图表具有代表性和针对性，表格的设计要合理，使人一目了然。

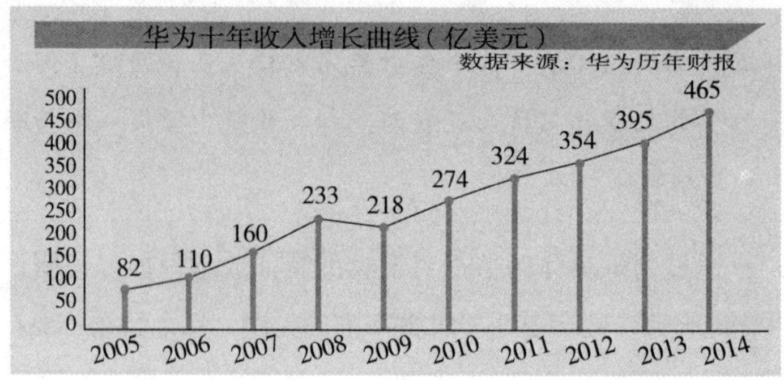

⑧下定义：用简明科学的语言对说明的对象或科学事理加以揭示，从而更科学、更本质、更概括地揭示事物的特征或事理。定义说明要求“被定义者”和“定义者”外延相等，用语简明准确，具有科学性，不能用否定形式，避免“同义反复”。

> 物联网是通过射频识别（RFID）、红外感应器、全球定位系统、激光扫描器等信息传感设备，按约定的协议，把任何物品与互联网连接起来，进行信息交换和通讯，以实现智能化识别、定位、跟踪、监控和管理的一种网络。

⑨作诠释：通过对事物的特征或事理加以具体的解释说明，使说明更通俗易懂。解释说明要求抓住要领，言简意明。

> 区块链是比特币的底层技术，像一个数据库账本，记载所有的交易记录。

实际写作中，往往是多种说明方法并用。

（3）议论

议论，即议事论理，是运用事实材料和理论材料进行逻辑推理、阐明观点的一种表达方式。其主要特点是具有证明性，即通过摆事实、讲道理，或证明自己的观点，或驳斥对方的观点。

在应用文写作中，经常使用议论。调查报告、总结、通报等文体，经常在叙述事实、说明情况的基础上，表明对人物、事件、问题的评价。指示、决议、会议纪要等公文，也常用议论来阐明党和国家的方针、政策，让下级机关和群众理解和执行。

应用写作中的议论，与一般议论文中的议论有明显的区别。一般议论文中，议论是最主要的表现方法，贯穿全文，论点、论据、论证三要素齐备。而在应用文写作中，最主要的表达方式是叙述和说明，议论居于从属的地位，一般只是在叙述、说明的基础上进行。另外，应用文的议论，一般也不需要作长篇大论，不需作复杂的、多层次的逻辑推理，也不一定具备论点、论据、论证这样一个完整的议论过程，而只是在需要分析论证的地方，采取夹叙夹议的方法，或采取三言两语的方式，点到即止，不作深入论证。

运用议论要注意：一是庄重，对任何事物的评价要实事求是，以理示人，以理服人；二是明快，要直截了当地阐明观点，不拐弯抹角，不回避矛盾。

常用的议论方法有：

①例证法：运用事例证明论点的论证方法，是议论文写作中最基本的常用的方法。例证法选例要做到真实、典型、充分、新鲜。

> 歌德用了差不多半生的精力学画无成，面对人生的不断碰壁，及时调整了人生目标，在文学道路上做出一番成就。孙中山青年时悬壶行医，最后发现治一人并不能救社会，于是转而投身革命，终于成就了令世人敬佩的伟业。无数成功的例子告诉我们，成功者是在不断的实践中发现了成功的道路，并不是一开始就站到了正确的起点上。因此，我们不要盲目地相信自己的兴趣，不要绝对依赖自己的感觉，而要尽可能多地尝试各种各样的发展道路，与时俱进地调整自己努力的方向。

②引证法：运用理论论据证明论点的论证方法。引用理论论据时要准确、确凿、精当、灵活。引用名言要灵活运用多种形式，可以直接引用，也可以间接引用；可以引原文，也可以引大意。

> 强调立志的重要性，要选用“三军可夺帅也，匹夫不可夺志也”；强调志向高洁远大，要选用“燕雀安知鸿鹄之志”；某同学沉湎于上网，要选用“玩物丧志”；某同学不能持之以恒、一曝十寒，要选用“有志之人立长志，无志之人常立志”。

③对比法：用正反对比的方法进行论证。常常是将两种或两种以上的不同事物，或同一事物的两种不同境况，放在一起比较、分析，形成鲜明的对比，从而得出结论。可以是两个观点的对比，也可以是两个论据的对比；可以是同一事物自身前后的对比（纵比），也可以是两件事物之间的相互对比。

> 每个人都有自己的生活方式，各有千秋，各具特色，不可强求统一，但这形形色色的生活方式确有高下优劣之分。醉生梦死、花天酒地是生活方式，忘我工作、无私奉献也是生活方式；无所事事、浑浑噩噩是生活方式，自强不息、锐意进取也是生活方式；未老先衰、坐吃山空是生活方式，老而弥坚、与时俱进也是生活方式。无疑，李政道的生活方式，是积极的、高尚的、令人敬佩的，也是值得效仿的。

④喻证法：以人们熟悉的事物为喻来阐明道理的论证方法。喻证法能使文章生动且能增强感染力，使深刻的道理浅显化，抽象的道理具体化。

孩子不是裸机，父母想格式化就格式化，想装什么就装什么。孩子不仅有自己的操作系统，还能创造和衍生出自己的应用程序。父母要做的是接纳和支持孩子，尊重孩子的天赋秉性、个性特质，相信每个生命都有内在自我成长的动力、能力和秩序。

三、例文评析

（一）

我因一份调查报告被录用

大学毕业后，我在报纸上看到一家著名的企业在招聘销售主管，便前去应聘。

来到现场，我看到已经有100多人在那里排队。我打听到他们以前都做过销售业务，有的还是业务经理级别的，只有我什么经验都没有。我感觉到自己的希望很渺小，想打退堂鼓。但转念一想，既然来了，就应该尝试一下。于是便耐心地和他们一起站在那里等待主考官前来面试。经过一番面谈，最后有5人通过面试，我竟幸运地成为5人之中的一个。主考官看着我们，笑着说："你们回家好好准备一下，一个星期后，公司总经理将会亲自复试。"

回到家后，我很兴奋，同时又感到忐忑不安，不知道复试的结果最终会怎样。那天，我一个人在商场里闲逛，突然看到我应聘的那家公司的产品，于是我走过去和业务员闲聊起来，从公司产品的销售情况，到消费者对产品的认知度，以及产品需要哪些改进，我们聊了很长时间，业务员把这些情况都跟我详细说了。接下来的几天，我又去其他几家商场，把公司产品和其他公司的同类产品作了比较、了解，然后根据调查的情况写了一份详细的市场调查报告。

复试那天，我们5个人如约来到公司。等到我和总经理面谈时，我将调查报告递交给他。总经理接过后仔细翻看了一遍，面带笑容地对我说："很高兴地通知你，你被我们公司录取了。"

听到总经理的话，其他4人都一下愣住了，一位复试时口才尚佳的女孩说："凭什么录取她？她一没有经验，二又不善言谈，这些都是做销售业务最忌讳的。"

总经理听了，不急不慢地说："她在你们几个人当中是不算最优秀的，而且她面试也不如你们准备得充分，比如你们穿了时髦的服装，掌握了娴熟的面试技巧。这些她都没有。但她比你们做得更加务实，她能在来公司前就对公司的产品做全面的市场调查和分析，并提出了产品改进的良好建议。这样的人我们不录用，要录用谁呢？"

（选自"应届毕业生网"）

| 评　析 |

从这份材料中我们可以看出，调查报告的写作对作者求职成功起了决定性的作用。调查报告属于应用文中的个人事务类文书。

应用文写作贯穿于我们的日常生活和工作中，我们随时随地都可能用到它。但不能等用到的时候再去学，再去写，那样就会很被动。因为写作也是一种习惯，处处留心皆写作。该文的作者就是因为平时训练有素（这从文章清晰的思路、条理的叙事、简洁的语言等方面也可以看出来），养成了良好的观察和写作习惯，才会在"闲逛"的时候，跟业务员"闲聊"，并促使她"又去其他几家商场，把公司产品和其他公司的同类产品作了比较、了解"，"根据调查的情况写了一份详细的市场调查报告"。而恰恰是这份调查报告，让这位既没有经验也不算最优秀的求职者最后被录用了。这看起来很偶然，其实是一种必然。因为"机会总是留给有准备的人"。

"市场调查和分析"是写财经应用文必须学习和训练的内容，对产品提出"改进的良好建议"，属于应用文写作的范畴。对于作者而言，这既体现了她的务实品性，也证实了她的工作能力。

（二）

例文一

寻人启事

陈××，女，1981年7月出生在××省××县××镇。身高1.57米左右，体型匀称，瓜子脸，五官端正，性格开朗，语言清晰，爱说爱笑。之前在深圳福田工作，于2017年年底与家人失去联系，至今杳无音信。

有知情者请及时相告，家人将不胜感激。

联系电话：135××××4176

2018年6月

例文二

两弯似蹙非蹙罥烟眉，一双似喜非喜含情目。态生两靥之愁，娇袭一身之病。泪光点点，娇喘微微。闲静时如姣花照水，行动处似弱柳扶风。心较比干多一窍，病如西子胜三分。(《红楼梦》中林黛玉肖像描写)

| 评　析 |

例文一和例文二都是关于人物的文字表述，都写了人物的外部特征，但又有很明显的不同。

例文一主要是解决实际问题——寻人，所以重在写清楚人物的外貌特征，追求形似；表达上主要运用说明性语言，以交代清楚人物基本信息为原则；语言风格质朴、简明。

例文二中的肖像描写主要解决欣赏问题——动人，所以重在揭示人物的内心世界，追求神似；表达上主要运用描写性语言，生动传神，目的在于拨动读者的心弦；语言风格优美、典雅。

由此我们可以看出，应用文写作重在"用"，文学创作重在"赏"；应用写作的目的是传递信息，文学创作的目的在审美愉悦；一个作用于人的理性，一个作用于人的情感；一个在表达上有一说一、直截了当，一个在表达上委婉含蓄、耐人寻味。由于二者的目的和作用不同，其在表达方式和语言风格上也有明显的区别。

四、写作实训

1.阅读下面的文字，运用本节所学的有关知识，指出哪些属于应用文，哪些属于非应用文。

(1)中央刚刚发出号召要建设社会主义新农村，一些地方政府就纷纷组织农民在村里修建起了别墅群。新华网报道，被浙江省永康市列为新农村建设试点村的荆山夏村，不顾村民们反对，拆迁旧屋、占用良田，负债8000多万元，统一建造村民别墅。首批已封顶但尚未完工的111幢别墅，因存在严重质量问题成了烂尾楼。另据报道，四川省绵阳市农业科技示范区内建了5个别墅小区，农民住着用信用社贷款修建起的欧式豪华别墅，却在为一日三餐发愁。由于不能按照规定领到土地被统征后的生活补助费，许多住别墅的农民为了生计，不得不离开别墅，举家外出打工。

（2）中央有关部门规定，选聘对象为30岁以下应届和往届毕业的全日制普通高校专科以上学历的毕业生，重点对象是应届毕业生和毕业1—2年的本科生、研究生，原则上为中共党员（含预备党员），非中共党员的优秀团干部、优秀学生干部也可选聘。另外，参加人力资源和社会保障部、团中央等部门组织的到农村基层服务的“三支一扶”“志愿服务西部计划”等活动期满的高校毕业生，本人自愿且具备选聘条件的，经组织推荐可作为选聘对象。各省（区、市）此前已经选聘到村的大学生村官，本人自愿，通过组织考察推荐，可转为选聘对象。

选聘工作坚持公开、平等、竞争、择优的原则，严格按照中央有关部门确定的选聘条件，按公告发布、个人报名、资格审查、考试、考察、体检、公示等基本程序进行。

（3）放了暑假后，我就到邻村果园帮人家授粉，在田间打工。授粉的技术倒是好学，就是时间紧，不管天多热，都要在地里干，关键是还要起早贪黑。说实话，刚开始时我真想不干了，多亏了同伴们的鼓励和帮助，不然自己是难以坚持下来的。在又热又累的煎熬中，终于快干完了，离上学的日子也不远了。这几天，我总在想，农民们经常冒着酷暑在田里劳动，他们是怎么坚持下来的？咋不说累啊？显然，他们懂得没有辛勤的劳动，肯定不会有丰收的果实。这个暑假，汗水让我明白了怎样做人、怎样生活的基本道理。

（4）我最想感谢的人是我的老师，但我不只感谢一位老师，而是要感谢所有教育过我的老师，是你们陪着我们走过了整整6个春秋。在这6年里，我们学到了很多，也懂得了很多。在你们的指导下，我们学到了有用的知识、应有的技能、做人的道理。我能清清楚楚地记得：语文胡老师那精彩绝伦的课，数学王老师为我们解答心中的疑惑，英语刘老师漂亮的手写体和标准的发音，美术魏老师那丰富的想象力和完美的艺术表达……老师们用知识浇灌着我们心灵的幼苗。在通往成功殿堂的道路上，我们用老师教给我们的知识过五关、斩六将。在这里，我也代表全班同学谢谢你们。

（5）我们学的课本知识中讲要建设法治国家，而“依法”的最基本要求就是用证据说话，如果不讲事实依据，仅凭大家众口一词，就把小偷的名声随便加在别人头上，在捐款箱前站了一会儿就被怀疑拿了捐款，理由简单可笑，不合逻辑。当众搞这样的“选举”，必定会严重伤害学生的自尊心。人民教师，被誉为人类灵魂的工程师，其职责是育人，而不是毁人。

2.比较阅读《五柳先生传》和《陶渊明简介》，分析它们的异同。

（1）《五柳先生传》

先生不知何许人也，亦不详其姓字，宅边有五柳树，因以为号焉。闲静少言，不慕荣利。好读书，不求甚解；每有会意，便欣然忘食。性嗜酒，家贫，不能常得。亲旧知其如此，或置酒而招之；造饮辄尽，期在必醉。既醉而退，曾不吝情去留。环堵萧然，不蔽风日；短褐穿结，箪瓢屡空，晏如也。常著文章自娱，颇示己志。忘怀得失，以此自终。

赞曰，黔娄之妻有言："不戚戚于贫贱，不汲汲于富贵。"其言兹若人之俦乎？衔觞赋诗，以乐其志。无怀氏之民欤？葛天氏之民欤？

（2）《陶渊明简介》

陶渊明（约365年—427年），又名潜，字元亮，一字渊明。自号五柳先生，卒后亲友私谥"靖节"。浔阳柴桑（今九江市）人，东晋末期南朝宋初期辞赋家、散文家、田园诗人、隐逸诗人。

陶渊明是汉魏南北朝800年间最杰出的诗人。陶诗今存125首，计四言诗9首，五言诗116首。从内容上可分为饮酒诗、咏怀诗和田园诗三大类。陶渊明的作品感情真挚、朴素自然，有时流露出逃避现实、乐天知命的老庄思想。陶文今存12篇，计有辞赋3篇、韵文5篇、散文4篇。总体来说，陶文数量和成就都不及陶诗。

任务二　应用文惯用语和常用单句句型

任务目标

1.了解应用文惯用语和常用的八个单句句型；

2.掌握并灵活运用应用文惯用语，理解常用单句句型的语法结构；

3.增强在应用文写作中的语言规范意识。

一、任务情境

冬阳在日常生活和学习中常要写一些应用文，在写作实践中，他发现应用文写作和基础写作有很大不同，特别是在语言的规范性上，应用文要求更高。

二、知识点击

（一）应用文惯用语

应用文惯用语是应用文写作中相沿成习的用语。在写作过程中，应根据文种不同和行文需要选择性地使用惯用语。恰当使用应用文惯用语，可以使文章表达简练、严谨并富有节奏感，从而赋予文章庄重、严肃的色彩。常用的应用文惯用语有十种：

1.开端用语

用于文章开头，表示发语、因据。如：“为（了）……”“由于……”“鉴于……”“随（着）……”“兹因……”“关于……”“根据……”“遵照……”“近来（日）……”“最近……”“经研究……”等。

2.称谓用语

用于表示对人或单位的称谓。

第一人称：“本”“我（们）”，后面加上所代表的单位简称，如部、委、办、厅、局、厂、所等。

第二人称：“贵”“你”，后面加上所代表的单位简称，一般用于平行文或涉外公文。

第三人称：“该”“他”，可用于指代人、单位或事物，如：该厂、该部、该同志、该产品等。

3.追叙用语

用于引出被追叙的事实，如：“业（前、均、即、复、迭）经”“（前、近）接……”“（敬、惊）悉”“……收悉”等。在使用时，要注意上述词语在表述次数和时态方面的差异，以便有选择地使用。

4.过渡用语

用于承上启下，如：“为（据、故、鉴）此”“为使”“综上所述”“总而言之”“总之”等。

5.祈请用语

用于向受文者表示请求与希望，如：“希（望）”“即（敬）希”“（敬、烦、恳）请”“要求”“勿误”等。

6.商洽用语

用于征询对方意见和反应，具有探询语气，如："是否可行（妥当、同意）""妥（当）否""意见如何"等。

7.受事用语

用于向对方表示感激、感谢，如："蒙""承蒙"等。属于客套语，一般用于平行文或涉外公文。

8.命令用语

用于表示命令或告诫，如："着""着令""特命""责成""令其""着即""切""毋违""切实执行""不得有误""严格办理"等。

9.拟办用语

用于审批、拟办，如："交办""试办""照办""批准""可行""执行""原则同意""迅即办理""准予备案"等。

10.结尾用语

用于结束上文，如："此布""特此报告""特予公布""此致""谨此""此令""此复""特此""……为盼""……是荷""敬礼""致以谢意""谨致谢忱"等。

（二）应用文常用的八个单句句型

1.名词性谓语句

由名词性词语充当谓语的句子叫名词性谓语句。例如：

（1）8月8日，开业周年纪念日。（名词性偏正结构"开业周年纪念日"作谓语。）

（2）鲁，山东省的简称。（名词性偏正结构"山东省的简称"作谓语。）

名词单独充当谓语的情况较少，较多的情况是名词性偏正结构作谓语。

2.动词性谓语句

由动词性词语充当谓语的句子叫动词性谓语句。例如：

（1）一批老干部昨天从北京出发。（动词性偏正结构"从北京出发"作谓语。）

（2）我区的招商引资工作取得了丰硕的成果。（动宾结构"取得了丰硕的成果"作谓语。）

3.形容词性谓语句

由形容词性词语充当谓语的句子叫形容词性谓语句。例如：

（1）我公司领导干部的年龄结构较合理。（形容词性偏正结构"较合理"作谓语。）

（2）时机和条件都已成熟。（形容词性偏正结构"已成熟"作谓语。）

4.主谓谓语句

由主谓结构充当谓语的句子叫主谓谓语句。例如：

（1）那个服务员态度很好。（主谓结构“态度很好”作谓语。）

（2）这个困难，我们一定能克服。（主谓结构“我们一定能克服”作谓语。）

5.把字句

使用介词“把”的句子叫把字句。把字句是汉语中的一种主动式动词谓语句。这种句式又称为“处置式”，因为动词所表示的动作对宾语做出了“处置”，如使其位置或状态改变，基本的结构为：主语＋把＋宾语＋动作。例如：

（1）考察队把胜利的旗帜插在了山顶。〔主语（考察队）＋把＋宾语（胜利的旗帜）＋动作（插在了山顶）〕

（2）在这次大地震中，许多老师把生的希望留给了学生，把死的危险留给了自己。〔主语（许多老师）＋把＋宾语（生的希望，死的危险）＋动作（留给了学生，留给了自己）〕

6.被字句

谓语动词前用介词“被（给、让、为）”引出施事者或者“被”字直接用在动词之前的句子叫被字句，基本的结构为：主语（受事者）＋被＋名词（施事者，有时省略）＋动词或动词性短语。例如：

（1）一批年轻干部被大胆起用。〔主语（一批年轻干部）＋被＋施事者（已省略）＋动词性偏正结构（大胆起用）〕

（2）新的软件系统为广大用户所关注。〔主语（新的软件系统）＋为＋名词（广大用户）＋动词（关注）〕

7.连动句

用连动短语充当谓语或者由连动短语直接构成的句子叫连动句。例如：

（1）苏丽到天河镇找丁文良。（连动短语“到天河镇找丁文良”作谓语。）

（2）丁培义拍了拍身上的尘土，向小泉那边走去。（连动短语“拍了拍身上的尘土，向小泉那边走去”作谓语。）

8.兼语句

前一个动词的宾语兼作后一个动词或形容词的主语的句子叫兼语句。例如：

（1）苏丽回头看见张晓明也下来了。（“张晓明”作前一个动词“看见”的宾语，兼作后一个动词“下来”的主语。）

（2）贺燕唐对他们看得很紧，安排人寸步不离地跟着。（“人”作前一个动词“安排”的宾语，兼做后一个动词“跟着”的主语。）

三、例文评析

例文一

××公司××××有限责任公司

关于兼并经营的联合通告

为了促进经营的合理化，经双方认真论证和商定，并报请有关主管部门批准，双方同意兼并，并以××公司为存续公司、××××有限责任公司为解散公司。现将有关事项通告如下：

一、兹定于××××年××月××日为兼并日；

二、自兼并之日起，××××有限责任公司的一切权利、义务和债务，悉由××公司（存续公司）承担；

三、依《公司法》规定，凡××××有限责任公司的债权债务人，如有异议，请在本通告自发布之日起3个月内提出，逾期提出视为无效异议。

特此通告。

××公司

××××有限责任公司

××××年××月××日

评　析

这篇通告以目的式开端惯用语“为了”开头，以结尾惯用语“特此通告”作结。全文文字精练，庄重明了，事项排列合乎逻辑，是短小精悍的优秀通告。

例文二

企业更名启事

根据生产发展需要，经市经委立项批准，我厂转产不锈钢餐具，并从××××年××月××日起改名为“××餐具器皿厂”，同时使用新印鉴，原“红星五金制品厂”的一切债务均以新厂名承担。引进设备技术改造后，我厂除继续生产虎头牌木工锯条、鹿牌钢铲、三角支架和窗帘道轨等五金传统产品外，将主要生产不锈钢餐具。

欢迎海内外客商洽谈订货。

欢迎来模、来料加工不锈钢餐具。

联系电话：××××××××××××

××餐具器皿厂

××××年××月××日

| 评　析 |

这则启事标题主旨鲜明，惯用语“根据”“经”“我厂”等使用恰当、得体，行文庄重、严谨，语言简洁、规范，值得借鉴。

例文三

××市创新电脑有限责任公司开业典礼请柬

尊敬的冬阳先生：

我公司定于××××年3月22日（星期四）上午9：30在南小街花园里1号4单元101室举行开业典礼。届时敬请光临。

是日午12时金叶酒店敬备菲酌，恭候光临！

××市创新电脑有限责任公司

××××年××月××日

| 评　析 |

这份请柬惯用语使用得当，全文表述简练，语体风格前后一致，语言规范、得体，值得借鉴。

四、写作实训

根据本节所学内容，分析下文存在的问题并加以修改。

1.兹定于××××年××月××日下午2：30在我校图信中心会议室召开职专一年级学生家长会，由校长传达市教育局关于教学改革的指示，汇报本学期以来我校职专一年级学生在德、智、体、美等方面的发展情况及存在的问题。届时，请务必准时到会参加。

2.近年来，随着我院的快速发展，我院招聘的教师数量也大量增加，目前我院年轻教师数量已逾400人。伴随着年轻教师的增多，幼儿园适龄幼儿也随之增多。按照××市幼儿教育划片规定，我院幼儿教育归属于××市×××幼儿园。2014年我院有很多名适龄幼儿需要入托，但出于各种原因，部分幼儿尚无法入托，给幼儿家长带来了很大的心理负担，严重影响到他们的工作积极性。为解除这部分年轻教师的后顾之忧，使他们更加安心地工作，请教育局领导帮助我院解决适龄幼儿到××市×××幼儿园入托的问题。

任务三　应用文常见语病

任务目标

1.了解应用文写作中不合语言规范的几种常见语病类型；

2.掌握应用文常见语病的修改方法；

3.培养使用规范语言进行应用文写作的习惯。

一、任务情境

在应用文写作过程中，冬阳总感觉力不从心，好不容易把要表达的意思写出来，又拿不准行文中的语言是对是错。冬阳很苦恼，到底该怎样解决这个问题呢？

二、知识点击

应用文常见的语病类型有八种：

（一）搭配不当

主要有主谓搭配不当、动词和宾语搭配不当、状语和中心语搭配不当、一面与两面搭配不当、否定与肯定搭配不当。例如：

1.本世纪初，是我国实现进入WTO的目标。

“本世纪初是目标”主谓搭配不当，应改为“进入WTO是我国本世纪初要实现的目标”。

2.新中国成立前，爸爸和哥哥两人挣来的钱还不够养活一家人的生活。

“养活”的只能是人，不能是“生活”。（动词和宾语搭配不当）

3.这次大会就工资问题交换了广泛的意见。

不是意见广泛而是交换的范围广泛，应改为“广泛地交换了意见”。（状语和中心语搭配不当）

4.艺人们过去一贯遭白眼，如今却受到人们热切的青睐，就在这白眼和青睐之间，他们体味着人间的温暖。

“白眼”和“青睐”指相反的两面，但下句的“温暖”只适用于一面，应改为“冷暖”。（一面与两面搭配不当）

5.会员家属除凭发出的入场券外，并须有家属徽章，无二者之一即不能入场。

“无二者之一即不能入场”从字面意思上推，可有“有二者之一即可入场”的意思，跟原意不符，应该说“二者缺一即不能入场”。（否定与肯定搭配不当）

（二）成分残缺

主要是缺少主语、谓语、宾语和修饰成分。例如：

1.由于她这样好的成绩，得到了老师和同学们的赞扬。

“得到”的主语缺失，应改为“由于这样好的成绩，她得到了老师和同学们的赞扬”。

2.最近又发动了全面的质量大检查运动，要在这个运动中建立与加强技术管理制度等一系列的工作。

在“建立”前缺少谓语“完成”。

3.我们要尽一切力量使我国农业走上机械化、集体化。

“走上”要求有一个名词充当其宾语，“机械化”“集体化”都是动词，应改为“我们要尽一切力量使我国农业走上机械化、集体化的道路”。

4.要想取得杰出的成就，就必须付出劳动。

“劳动”前应加“艰苦”“辛勤”之类的修饰语。

（三）成分赘余

成分赘余主要有堆砌、重复、可有可无三种类型。例如：

1.考虑我国政治与文化环境的需要，应大力发展我们的出版业。

“环境”应删去。

2.其实这是过虑的想法。

“虑”的意思就是想，应删去“的想法”。

3.不知不觉就走了十里路左右的距离。

应删去“的距离”。

（四）结构混乱

结构混乱，又叫句式杂糅，主要有举棋不定、藕断丝连、中途易辙、反客为主、结构含混等类型。例如：

1.多年来曾被计划经济思想束缚下的人们也觉悟起来。

应改为“曾被……束缚……”或“在……束缚下的……”。（举棋不定）

2.中国人民自从接受了马克思主义之后，中国的革命就在毛泽东同志领导下大大改了样子。

“中国人民……马列主义思想之后”，不接下去说结果，又用“中国的革命”另起一句。应该改为“自从中国人民接受了马克思主义之后”。（中途易辙）

（五）语意不明

语意不明有费解、歧义两种类型。例如：

1.到北京参观奥运村及新改造后的地铁是我这次旅行的归途。

“参观”怎么会是“归途”？原句要表达的意思是“……是我预定在归途中要做的事”。（费解）

2.现全渠已勘测完毕144华里。

没有交代全渠有多长，如果全长144华里，那么应该说“全渠144华里，现已勘测完毕”；如果只是全渠的一部分，那么不能说“完毕”，应该说“现全渠已勘测了144华里”。（歧义）

（六）不合逻辑

有自相矛盾、范围不清、强加因果三种类型。例如：

1.他是多少个死难者中幸免的一个。

既然“幸免”，自然是没有死。（自相矛盾）

2.从事业的发展上看，还缺乏各项科学专家与各项人才。

各项人才包括科学家，不宜并列，应该说“各学科的专家与其他人才”。（范围不清）

3.最近我这位朋友去了一趟南方回来，结果他的思想依然如故。

去了南方回来思想变了，可以说是去了一趟南方的结果，现在“思想依然如故”，怎么能说是去了一趟的“结果”呢？（强加因果）

（七）主客倒置

指一个句子中所陈述的主体与客体位置颠倒，属于语序不当。例如：

1.在那个时候，报纸与我接触的机会是很少的。

应该是“我和报纸接触的”。

2.去年的学习成绩和今年比较起来大不相同。

比较一先一后两件事，一般是以后者为主体，“去年”和“今年”需交换位置。

（八）词序不当

主要有定语次序、状语次序和关联词语的位置不当等类型。例如：

1.一位优秀的有20多年教学经验的国家队的篮球女教练。

定语的正确次序应为：国家队的（领属性的）一位（数量）有20多年教学经验的（动词短语）优秀的（形容）篮球（名词）女教练。

2.在休息室里许多老师昨天都同他热情地交谈。

状语的正确次序应为：许多老师昨天（时间）在休息室里（处所）都（范围）热情地（情态）同他（对象）交谈。

3.他如果不能实事求是，事业就会受到损失。

“他”应移到“如果”的后面。两个分句主语相同时，关联词语在主语后面；主语不同时，关联词语在主语前面。

除以上八种常见语病外，应用文写作中还经常遇到语言口语化和惯用语使用场合不当等问题。语言口语化主要表现在大量使用口语化词语，随意使用方言、俗语和新词新语。例如，一份通报的导语写道：“最近，个别单位……很不像样子。”在应用文中使用口语化的词语“很不像样子”，显然有失庄重。应用文，特别是行政公文，具有法定的强制性和行政的约束力，只有庄重典雅的用语才能体现出发文机关的公正立场和严肃态度。惯用语使用场合不当指应用文的用词、语气、语体风格与行文目的、使用文种、接受对象、使用场合等不相适应。例如，在请示的结尾处写道：“此事紧急，希尽快加以处理。”“希”一般用在下行文中，表达上级对下级的要求，用在这里有命令的意味，显然是不妥的。

三、例文评析

例文一

关于商洽委托代培涉外秘书人员的函

××大学文学院：

本集团公司新近上岗的秘书人员缺乏专业的涉外秘书知识，业务素质亟待提高。据报载，贵院将于今年9月开办涉外秘书培训班，系统讲授涉外秘书业务、公关礼仪、实用文书写作等课程。这个培训项目为我集团公司新上岗的涉外秘书人员提供了宝贵的在职进修机会。为了能尽快提高本集团公司涉外秘书人员的从业素质，我们拟选派8名在岗秘书人员随该班进修学习，委托贵院代培。有关代培费用及其他相关经费，将按时如数拨付。

如蒙慨允，恳请函复为盼。

××集团公司（印章）

××××年××月××日

|评　析|

文章思路清晰，环环相扣，逻辑性强。“贵院”“恳请函复为盼”一类具有谦敬意味的词句，体现了商洽函的语体特征。值得指出的是，“秘书人员”应简写为“秘书”；“随该班进修学习”与“委托贵院代培”位置应对调；“如蒙”应改为“是否”，以求对方函复。

例文二

感谢信

××公司：

××月××日下午我公司业务员××和××到时代广场购买物品，不慎丢失皮包一个，内有人民币5000余元、工作证一个及发票单据若干张。当我们正在焦急寻找时，贵公司职工××女士主动将捡到的皮包送到我公司。我们再三感谢并表示要赠送纪念品，××女士却说：“这是我应当做的！”并拒绝接受纪念品。××女士这种拾金不昧的高尚品德，使我们公司员工深受感动，大家纷纷表示要向××女士学习。在此特对贵公司××女士和贵公司深表谢意，并建议对××女士的高尚行为予以表扬。

此致

敬礼

××××公司

××××年××月××日

|评 析|

这是一封简洁清晰的感谢信，详细准确地交代了事件的内容、时间、地点，通篇用语得体，表达准确，值得借鉴。

例文三

欢迎辞

女士们、先生们：

值××公司成立30周年大庆的美好日子，请允许我代表本公司，并以我个人的名义，向远道而来的贵宾们表示热烈的欢迎！

朋友们不顾路途遥远，专程前来贺喜并洽谈贸易合作事宜，为本公司30周年庆典增添了一份热烈而祥和的气氛，我们全体员工由衷地感到高兴。

今天在座的来宾中有许多是我们的老朋友，公司成立30周年能取得今天的成绩，离不开你们的真诚合作和大力支持。对此，我们表示由衷的敬意和感谢。同时，我们也为能有幸结识来自全国各地的新朋友感到高兴。在此，我谨再次向新朋友们表示热烈欢迎，并希望能与新朋友们真诚交流，密切合作，建立友好关系。

“有朋自远方来，不亦乐乎？”在此新朋老友相会之际，我提议：为今后我们之间的进一步合作，为我们之间日益增进的友谊，为朋友们的健康幸福，干杯！

谢谢各位！

总经理×××

××××年××月××日

|评 析|

这是一篇酒会上的欢迎辞，内容分三部分。首先用得体的语言陈述欢迎的原因，以

何身份对客人表示欢迎；其次简要回顾双方的交往合作和友情；最后表达对客人到来的喜悦和美好的祝颂。全文言简意赅，情真意切，值得借鉴。

四、写作实训

1.修改病句。

（1）从这些举世瞩目的成就中，充分说明改革开放的方针是完整正确的。

（2）十月十四日，抱着向航空系学习的想法，我们的黑板报也创刊了。

（3）欢迎勇士们凯旋归来。

（4）我们向政府提意见是人民的责任。

（5）我们应该改进工作中的缺点。

（6）象形、指事、会意、形声是四种汉字的造字法。

（7）我国有世界上没有的万里长城。

（8）咱们决不能看着你有困难而不帮你。

（9）他们终于把雪扒开，将战友们救了出来，这时他们虽然一个个成了雪人，却紧紧地拥抱在了一起。

（10）校长、副校长和其他学校领导出席了这届迎新会。

（11）通过这次学习，使我们认识到了自己的不足。

（12）做好生产救灾工作，决定于干部作风是否深入。

2.找出下文中存在的病句并修改。

通　告

本渡口是××河上最大的渡口，过往车辆行人很多，等候时间往往较长，为了减少等船时间，加强渡口管理，特作如下规定：

一、凡需乘渡船过河者必须购票，机动车每辆5角，非机动车3角，行人每人2角（1米以下儿童免票），不买票者不得乘船。

二、乘客必须听从工作人员指挥，按顺序上下船，各种车辆要按指定位置排放，以保证渡船安全。

三、不得携带易燃易爆，腐蚀性强的物品上船，违反规定，擅自带上船被查出者，没收所带物品，并酌情处以5—20元的罚款。

四、凡牵引牲畜过渡，要放到指定位置，并购票，每头（只、匹）0.3元；放在筐篮等容器内携带的家禽、仔猪免费，但数量不能过多。

五、渡船开动后，乘船者不要来回走动，机动车必须熄火，牲畜必须有人看守。

六、乘船者必须爱护渡船及其设备，损坏要赔偿。

七、违反规定或者在渡口上无理取闹，不听指挥，妨碍渡船正常运行者重罚。情节严重者，扣送公安机关依法惩处。

××河渡口管理委员会

××××年××月××日

实践模块

“工欲善其事，必先利其器。”在中职生求学、求职、求发展的道路上，会借助各种各样的“利器”，应用写作就是其中之一。如何才能让这一“利器”更好地为自己的人生助力呢？多评析、多仿写是最佳途径。实践模块就引导同学们逐步地磨砺好自己的应用写作“利器”。

实践模块的设计遵循学生职业成长规律，围绕学生个人应用，安排了8个训练项目，精选32种常用应用文，以满足学生学习、求职、就业、交往等方面的写作需要。

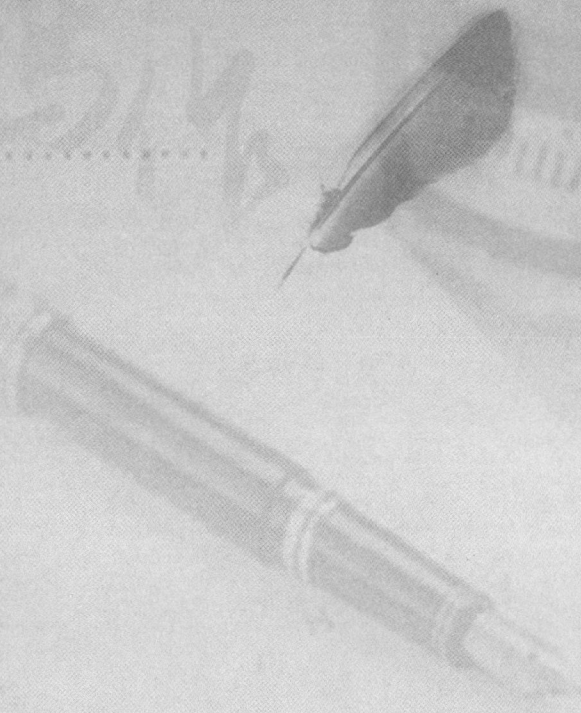

项目一　事务处理

训练目标及要求

一、了解计划、总结、条据、启事、证明信的含义、分类、特点和作用；

二、熟悉上述应用文的结构和写法；

三、根据情况要求参考写作模板，能独立完成个人计划、总结的写作；

四、能规范地写作条据、启事和证明信；

五、在日常工作、学习和生活中，逐步养成有计划地学习和做事的好习惯。

任务一　计划

任务目标

1.了解计划的含义、格式、种类；

2.掌握常用计划的写法；

3.增强做事的“计划”意识。

一、任务情境

夏雪同学要到一家IT公司实习，她想为自己制订一份实习计划，以增强工作的主动性，减少盲目性，顺利愉快地度过三个月的实习期。

古人说："凡事预则立，不预则废。"提前制订好计划，可以提高效率，取得事半功倍的效果。

二、知识点击

（一）计划的概念、分类和特点

1.计划的概念和分类

计划是对未来一定时期内的工作目标、步骤、措施作出安排的一种应用文。计划是一个总名称，规划、方案、安排、打算等也包括在计划的范围内。

计划按内容分，有综合计划和专题计划；按时间分，有长期计划、中期计划和短期计划；按范围分，有单位计划、部门计划和个人计划等；按形式分，有条文式计划、表格式计划和条文、表格配合使用的计划。

2.计划的特点

（1）预见性。这是计划最明显的特点之一。计划是在行动之前对行动的任务、目标、方法、措施作出的预见性确认。预见是否准确，决定了计划写作的成败。

（2）针对性。有的计划是根据党和国家的方针政策、上级部门的工作安排和指示精神而制订，有的计划是针对本单位的工作任务、主客观条件和相应能力而制订。不从实际出发制订的计划，是毫无价值的。

（3）可行性。计划是决策的载体之一，它要指挥或者指导人们的行动，因此在确立目标、任务时要考虑自身的实际，确保目标的实现。当然，有时计划需要随客观情况的变化做适当的调整和修订。

（4）约束性。计划一经通过、批准或认定，在其所指向的范围内就具有了约束作用，机关、单位、部门和个人在工作中必须按要求予以贯彻执行，不得随意变更，更不能不予实施。

（二）计划的格式和写法

计划一般由标题、正文、落款三部分组成。

1.标题

标题有规范式标题和非规范式标题。规范式标题由单位名称、时限、内容和文种构成。例如《××职业中专教务处2015—2016学年第一学期工作计划》。非规范式标题可在标题中略去单位名称和时限，例如《新产品销售计划》。可依据不同的情况灵活处理。

2.正文

（1）前言。写明在什么条件下，依据什么制订这个计划，主要目的是什么。

（2）目标。写明总任务是什么，有几项具体任务。

（3）步骤。写明工作分几步做，每一步在什么时间进行。

（4）措施。写明采取什么措施来保证目标的实现。

计划的正文一般都分条目写。目标、步骤、措施是计划的“三要素”。三者的关系是：“目标”解决“做什么”的问题，“步骤”解决“怎么做”的问题，“措施”解决“如何做得好”的问题。三者是环环相扣的。这样制订出来的计划才是具体可行的。

3.落款

写明计划的制订者和日期。如果标题已写明制订单位名称，那么落款中就可略去。如果要上报或下达，须加盖公章。与计划有关的一些材料，在正文中表述不方便的，可以在文末附表或附图。

三、例文评析

学生会文娱部 2016—2017 学年

第一学期工作计划

为使我校学生文娱活动开展得更加丰富多彩，特制订文娱部第一学期工作计划如下：

（一）任务

组织“国庆晚会”和“元旦晚会”；举办吉他培训班、舞蹈培训班及女子健美操训练班；组织一次音乐知识讲座；协助办好校运会。

（二）时间安排

1. 9月初（第一、二周），筹备“国庆晚会”。通知各班组织节目，并确定彩排日期。

2. 9月中旬（第三周），发布招聘干事的启事，通过笔试、面试发掘新生中的人才，增强本部力量。

3. 9月下旬（第四周），选出“国庆晚会”节目，彩排。组织晚会。

4. 10月上旬（第五周），举办吉他培训班。聘请学校×××老师任教。

5. 10月中旬（第七周），举办舞蹈培训班。聘请我校教师×××、×××任教。

6. 11月上旬（第九周），举办音乐知识讲座，请我校音乐教师×××主讲。

7. 11月中旬（第十一周），协助搞好校运动会的有关工作。

8. 11月下旬（第十二周），举办一期女子健美操培训班，以满足广大女生的要求；筹备元旦晚会的节目。

9. 12月中下旬（第十五、十六周），选出“元旦晚会”节目，彩排。组织晚会。

（三）措施

1.与学生会各部团结协作，组织好两次大型晚会，本着“分工不分家”的原则，搞好各项工作。

2.各项工作分工明确，责任到人，以保证有序开展。

2016年8月

| 评　析 |

这是一份部门短期工作计划，采用的是规范式标题。开篇提出总的工作任务：为使我校学生文娱活动开展得更加丰富多彩。正文部分用条目的形式分别列出了具体任务、时间安排和措施。任务明确，步骤清晰，措施得力，体现了计划的“三要素”。由于题目中出现了单位名称，所以在落款中省去署名，只出现日期。总之，这份计划格式规范，内容全面，实用性强，是一篇很好的范文。

四、写作模板

提示	模板
标题	
（1）规范式标题	
单位名称＋时限＋内容＋文种	××公司××××年工作计划
（2）非规范式标题	
①单位名称＋内容＋文种	××公司工作计划
②时限＋内容＋文种	××××年工作计划
③内容＋文种	工作计划
④事由＋文种	关于进一步加强公司卫生管理的工作计划

（续表）

提示	模板
正文结构图示 前言（目的和依据） ↓ 目标（做什么） ↓ 步骤（怎么做） ↓ 措施（如何做得好）	为了××××××，依据×××××，特制订×××××计划。 一、目标 1.××××××××× 2.××××××××× 二、步骤 1.××××××××× 2.××××××××× 三、措施 1.××××××××× 2.×××××××××
落款（右下角） 署名 日期	××× ××××年××月××日

五、写作实训

1.根据所学知识，写一份本学期的学习计划。

2.病例评改。指出下面这篇计划在内容和格式方面的五处错误，并提出修改意见。

计划是十分重要的，有了切实可行的计划，就可以减少盲目性，使我们顺利地完成预定的学习目标。因此，特制订暑假英语学习计划如下：

（1）我掌握的英语单词量不够，在暑假中我要将第一册英语教材中的单词背熟。

（2）在语法方面，我要重点突破英语中的几种时态。

（3）要强化英语会话能力。

（4）去××师范大学举办的暑假英语强化班学习。

（5）阅读两本中英文对照的小说简读本。

任务二　总结

任务目标

1.认识总结在日常生活和工作中的重要性；

2.理解总结的概念和特点，掌握总结的结构和写作思路；

3.学会自我总结与自我评价，增强自我激励意识。

一、任务情境

高一军训接近尾声，新生冬阳接到了一个任务：政教处赵主任安排他就本次参训情况写一份总结，并代表军训学员在毕营典礼上发言。这一下子让冬阳犯了难，虽说自己有记笔记写心得的习惯，但真让自己独立完成总结并形成正式文稿，确实有难度。总结是一种什么样的文种？在格式上有哪些要求？应该从哪些角度进行总结？……一个又一个的小问题困扰着他。为了出色地完成此次“战斗”任务，他觉得有必要马上去请教一下自己的语文老师。

二、知识点击

（一）总结的概念、分类和特点

1.总结的概念和分类

总结，是单位或个人对规定时限内的实践活动加以回顾归纳、分析评价，从中得出规律性的认识，用以指导今后实践的事务性文书。

从范围看，总结可分为国家或地区总结、行业或部门总结、单位或个人总结等；从时间看，可分为年度总结、季度总结、月份总结等；从性质看，可分为学习总结、工作总结、思想总结、科研总结等；从内容看，则可分为综合性总结和专题性总结两种。综合性总结又称全面总结，它是对某一时期内各项工作进行全面回顾和检查，进而总结经验与教训。专题性总结是对某项工作或某方面问题进行专项的总结，这类总结往往偏重于介绍成绩、经验，其他方面则可少写或不写。

2.总结的特点

（1）实践性。总结首先要对前期实践进行全面回顾，从实践本身得出理论性的认识或指导性理念，为今后的实践提供参考。也就是说，总结要从实践中来，再回到实践中去。

（2）理论性。总结的过程，实际上就是感性认识上升为理性认识的过程，通过对事实材料进行比较、归纳、提炼，得出正确的观点，从而提高认识、发扬成绩、克服缺点，以便对后期的工作和学习进行科学的管理和指导。

（3）客观性。总结应该本着实事求是的思想，以事实为依据，不允许虚构和编造，真实客观地分析问题，解决问题。只有这样才能抓住事物的本质，得出正确的认识，总结才有价值。

（二）总结的结构和写法

总结在结构上一般包括标题、正文和落款。具体写法和要求如下：

1.标题

可分为单标题和双标题两种。单标题又可分为文件式标题和文章式标题。

（1）文件式标题一般采用“单位名称＋时限＋总结内容＋文种”的格式。例如：《××市林业局2015年行政服务审批工作总结》。

（2）文章式标题一般是直接标明总结的主要内容或基本观点，标题中不出现“总结”字样，常用于专题性总结。例如某公司的专题总结《售后服务亦是企业产品的有机组成部分》，某职校的专题总结《“理实”一体化　教研结硕果》。

（3）双标题是同时使用上述两种标题。正题用文章式标题，揭示观点或概括内容；副题用文件式标题，点明单位名称、时限、性质和总结种类。例如：《加强医德修养　倡树医疗新风——南方医院2015年精神文明建设工作总结》。

2.正文

（1）前言。介绍开展活动或工作的背景、基本情况等，交代总结主旨并作出基本评价。前言力求简洁，开宗明义。

（2）主体。包括主要活动内容、阶段和做法、经验及体会、问题或教训等。这部分篇幅大、内容多，要特别注意层次分明、条理清楚。

主体部分常见的结构有三种。

第一，纵式结构。就是按照事物发展或实践活动的过程安排内容。从时间上划分为几个阶段，分别叙述各个阶段的成绩、做法、经验和体会。这种写法的好处是能清楚明白事物发展或活动的过程。

第二，横式结构。按事物性质或规律的不同分门别类地依次展开内容，各层次之间相互并列。这种写法的优点是层次鲜明，内容醒目。

第三，纵横式结构。安排内容时，既考虑到时间的先后顺序，体现事物的发展过程，又注意内容的逻辑联系，从几个方面总结出经验教训。

主体写作力求简明。总结只需对前期实践作概括叙述，而不必具体描写；作简要说明，而不必旁征博引；作直接议论，而不必多方论证。

（3）结尾。结尾是正文的收束，应在总结经验教训的基础上，提出今后努力的方向，表明决心，展望未来。篇幅不应过长，要求简短利落，不拖泥带水。

3.落款

一般在正文右下方署名并写上日期。如果标题中已经写明单位，则落款可略去单位名称。如果是报刊或简报刊用的交流经验的专题总结，应在标题下方居中署名。

三、例文评析

滨海职业学校2015—2016学年上学期后勤工作总结

一学期来，总务处在学校领导的关心支持下，按照学期初制订的工作计划和总体要求，以“后勤工作必须服务于教学工作中心”为宗旨，团结广大师生，尽心尽力做好后勤服务工作。现将本学期的主要工作总结如下：

一、加强队伍建设，强化责任意识

1.牢固树立服务教学第一线的思想意识，切实改进工作作风。多听多问多学习，勤跑勤看勤思考。遇事不拖拉，不当甩手先生，坚持多上门，多服务，服好务。

2.进一步建立健全后勤工作人员的岗位责任制。从学校工作需要出发，定岗、定责，使每一个人都明确了自己的工作岗位和工作职责，做到事事有人管，事事有人干，事事有记录，事事有落实。

二、抓好常规，服务到位，工作有序

1.根据前勤需求，主动开展工作，确保教学一线的教学用品及时发放到位，保证教学工作正常开展。

2.关心师生需求，改善办学条件。对校产校舍及时检查维修，满足生活需求。投入必要资金，购置相关设施设备，提升学校办学水平。

3.严格购物制度，建立执行“请购、审批、报销、领用”工作机制。规范购物流程，强化仓库管理。

4.开源节流，为学校当家理财，做学校的主人。本着花钱办实事、办好事的原则，一方面为学校算经济账，真正做到当家理财；另一方面，千方百计解决教师、学生的工作、学习及生活所需。

三、整体布局，美化校园

1.根据学校整体格局，认真制订完善了校园绿化美化长远规划。根据规划，因地制宜、因时制宜，按照“树木配植五结合”的原则，进行了校园花木的有机配植，实现了校园四季常青，四季花香。

2.定期对校园花木进行维护保养，适时施肥、施水，防治病虫害。本月初又开展了补植、修剪工作，现已基本完成。

3.制订并实施了校园绿化培训计划，提高绿化管理人员花木培植技术和管理水平，使其认真履职，不仅做到善于培植，还要搞好科学管理。

4.建立了学校绿化档案，对学校绿地精心测量，对树木认真核对，登记造册。

四、强化财产管理

1.做好对固定资产增减工作的登记，定期定时进行固定资产的核对工作，做到账、物相符，严防学校财产的流失。

2.加强学生宿舍财产管理。制定了宿舍财产管理条例，做到损坏赔偿，培养学生的爱护公共财产意识。

3.规范公共财产、公共设施的管理。对低值易耗物品的管理工作，从严要求，严格执行审批、发放手续。

总之，上半年的总务工作由于上级领导的重视和学校领导的直接指导，全体教职工的大力配合，以及后勤人员的齐心协力，各项措施落实有序，工作取得显著成绩。但工作中仍然存在不少问题和不足，主要表现在以下几个方面：一是由于后勤工作千头万绪，每项工作我们主观上都希望能完成得最好，但由于能力有限，不能把每件事情都做到尽善尽美。二是对学校各部门、各科室工作需求了解得不够深入，对存在的问题掌握不够全面，导致服务不及时。三是制度落实不够，个别问题检查不到位，因而还存在一定的重制度建设、轻制度落实现象。这些都有待于在以后的工作中加以解决。

我们坚信，只要我们同心协力、锐意进取，我们后勤服务工作将会更上一个新的台阶，我们滨海职业学校也必将迎来更为辉煌的明天。

2016 年 1 月 28 日

| 评　析 |

这是一份学校后勤工作综合性总结。标题属文件式。正文部分以横式结构从队伍建设、常规工作、校园绿化、财产管理多个层面回顾总结了一学期的学校后勤工作，层次分明，详略得当。结尾部分在肯定成绩的同时也摆出了存在的问题和不足，并对前景作出展望。整篇总结结构完整，布局合理，是一篇值得借鉴的例作。

四、写作模板

提示	模板
标题 （1）单标题 ①文件式标题：单位名称＋时限＋内容＋文种 ②文章式标题 （2）双标题：正副标题	 ×× 公司 ×××× 年工作总结 ××××××　×××××× ××××××　×××××× ——×××× 工作总结
正文结构图示 前言（概述工作任务、指导思想、主要成绩） ↓ 基本做法（并列或递进） ↓ 成绩和经验 ↓ 主要问题 ↓ 努力方向	×××× 年是我公司各项工作取得明显进步的一年。一年来，公司全体员工××××，××××，使公司各方面的工作都上了一个新台阶。现具体总结如下： 一、××××××××× 1. ××××××××× 2. ××××××××× 二、××××××××× 1. ××××××××× 2. ××××××××× 三、主要问题（问题总结重点写，经验总结不写） 1. ××××××××× 2. ××××××××× 四、今后的工作和努力的方向 ×××× 年 × 月 × 日

五、写作实训

1.从总结的文体特点出发，分析如何才能写好总结。

2.病例评改。从总结的格式及文章语言等角度分析下面这篇总结存在的问题和不足，并提出修改意见。

骨科护理工作总结

2015年，护理部在院领导的关心、支持下，深化“以病人为中心”的服务理念，紧紧围绕“改革护理模式，履行护理职责，提供优质服务，提高护理水平”的工作宗旨，努力开展工作，从根本上改善护理服务，提高护理质量，真正将基础护理落到实处。今年12月，我院骨科病房被确定为我院首批“优质服务护理示范病房”。为此，我们感到非常骄傲和自豪，同时我们也感受到了这种压力对我们工作的推动和鼓舞。我们骨科全体护理人员正朝着“患者满意、社会满意、政府满意”的目标扎实推进。

上半年以来，在我们科室主任、护士长的带领下，全体护士牢记“以病人为中心”的服务宗旨，强化基础护理和生活护理，从减少液体呼叫、六心服务、无陪伴患者特需服务等方面积极探索，扎实推进优质护理服务工作，全体工作人员都积极参与其中。在此期间，作为骨科的一名护理人员，我感触颇多：我们科室从主任到护士长再到全体医务工作者和护工人员，都非常重视优质服务活动。科主任和护士长组织全科室人员开展了“假如我是一个病人”的演讲活动，通过此次活动，我最大的感受是一定要把病人当做自己的亲人或朋友来对待，用我们的真心真诚地对待他们，这也是我们提供优质服务的前提。将心比心，真诚以待，才能构建和谐的医患关系。活动期间，我们科室推出了一大亮点——减少液体呼叫现象。通过护士长对护理人员工作的合理安排调整以及大家积极的参与，我们加强了对输液病人的液体巡视，主动输液、取液和加液，工作开展以来，液体呼叫现象已明显减少，我们还要保持并继续努力！

针对部分患者夜间无陪伴的问题，为了加强夜间巡视，为患者提供必要的生活帮助，避免因高龄、视力障碍、体位性低血压等导致的安全事件，8月份我们又推出了一个新的主题“无陪伴患者特需服务”。每日下午查房的时候责任护士都会询问患者留陪情况，对夜间无陪伴的患者在花名牌上进行醒目标注，夜班护士根据标注即可明确夜间哪些患者没有陪伴，从而在夜间多加巡视并提供适当的生活帮助，如倒水吃药，协助患者如厕，避免跌倒发生。从每一件小事做起，既能减少很多安全隐患，又能增进良好的医患关系，以取得他们的信任和对我们工作的肯定。

正是通过上述活动的开展，我们科室医患关系得到了明显改善，病人满意度明显提高，患者投诉率同期下降。陪护减少了，病区环境也变得安静、整洁有序。

随着社会的发展进步，病人对护理质量的要求也越来越高。在今后的工作中，我们将进一步牢固树立“为病人服务、树医院形象”的思想，立足岗位，勤奋工作，履职尽责，不断研究护理工作中出现的新问题、新情况，总结经验，改进不足，不断提高护理质量，为提升医护人员整体形象增光添彩。

3.结合自己的专业实际，写一份本学期学习总结。班委成员也可就班级管理方面的工作做总结。将完成后的作品与同学交流，相互批改，或提出修改意见。

任务三　条据、启事

任务目标

1.认识条据、启事在日常生活和工作中的重要性；

2.掌握条据、启事的格式和写法，能独立写作条据、启事；

3.增强学生写作条据、启事的意识。

条　据

一、任务情境

国庆节来临，班里要举办庆国庆联欢晚会，班长冬阳去学校团委借卡拉OK机一套

（包括影碟机一台、扩音机一台、音箱一对、麦克风四支、电源插座两个），团委赵老师让冬阳写个借条。那应该怎样写借条呢？它有什么作用呢？

二、知识点击

（一）条据的概念、分类和特点

1.条据的概念和分类

条据是用来处理临时性事务，起告知说明或凭证作用的一种篇幅短小、格式固定、使用便捷的条文式专用文书。

条据一般分为便条和单据两大类。

便条是有事情要告诉对方，而又不能面谈的时候使用的简单书信体纸条，常见的有请假条、留言条、意见条、托事条、应邀便条、辞别便条等。

单据是单位或个人在收到、借到、领到或欠钱物时出具的凭据，常用的有借条（据）、收条（据）、欠条、领条等。

2.条据的特点

（1）简便性。内容简单，应用广泛，篇幅较短，务去陈言赘语。

（2）凭证性。条据都有一定的凭证作用，因此，内容要符合有关法律法规，表述要准确、规范、无歧义，重要信息不能疏漏。

（3）约束性。条据一经签订，对签约的各方就有了约束力，特别是具经济性质的条据。

（二）条据的格式和写法

1.便条的格式和写法

便条的格式包括标题、称呼、正文、结尾、落款五部分。

标题。在第一行居中用较大字体写上“请假条”“留言条”等字样。

称呼。另起一行顶格写对收条人的称呼，称呼后加冒号。

正文。另起一行空两格写起，简明扼要，切忌拖沓、啰唆。请假条的最后应有“请批准”“恳望批准”等表示请求的话语。

结尾。正文写完后，另起一行，空两格写上“此致”，表示这张便条是特意送给收条方看的。同时，为了表示有礼貌和尊敬收条方，还可在“此致”的下一行顶格写上“敬礼”的字样。这一部分有时也可不写。

落款。包括署名和日期。另起一行，在便条的右下方签上写便条人的姓名，在署名的下一行写上年、月、日。

请假条要说清楚请假的原因和所需时间。请假条应该提前送达，如果时间紧急，也可事后补送，但必须在事前口头说明或用其他方式说明，并得到允许。

留言条一般要写明双方未能见面的原因、下次相见的方式和时间以及希望对方办理的事情等。有时替别人接了电话或代别人商洽某件事情，怕事后忘记，也可以用留言条转告对方。

2.单据的格式和写法

单据的格式包括标题、正文、结束语、落款四部分。

标题。在第一行居中用较大字体写明凭证的性质，如“借据”“收据”“欠条”等。

正文。另起一行空两格，先写“今借到”“今领到”或“今欠”等字样，并加冒号。而后另起一行空两格写内容，应写明这个单据是写给谁的，基于什么事情，涉及何种款物，数额、数量等。也可在“今借到”“今收到”或“今欠”后直接写内容。

结束语。正文之下另起一行空两格写“此据”或“特立此据”等字样，后面不加标点符号。

落款。包括署名和日期。另起一行，在单据的右下方，写上开具凭证人的所在单位及姓名。在署名的下一行写上年、月、日。重要凭证还需加盖印章。

写条据时应注意：

（1）表示钱物往来数额的数字要用大写“壹、贰、叁、肆、伍、陆、柒、捌、玖、拾”等，以防涂改。在钱的数额前，必须写清钱币的种类。数额、数量末尾应写上单位名称，如“元”“斤”“台”等，然后写上“整”字，以防增添。

（2）单据应使用钢笔或毛笔，不能用红笔或其他易褪色的墨水，字迹要端正、清楚。单据写成后，不得涂改，如有涂改必须在涂改处盖章，以免误会。

（3）如果是代领代收，必须写明“代收人”“代领人”字样。

（4）表示收到、借到及缘由的用语要明确，必要时可反复推敲，以免产生歧义。

三、例文评析

例文一

请假条

赵老师：

我因突然感冒发烧，今天不能到校上课，请假一天，敬请批准。

冬　阳

2016年10月12日

丨评　析丨

请假原因要交代清楚，不可泛泛而谈。一定要交代清楚请假的起止时间，以方便对请假人作考勤记录。本文因为只请假一天，落款写明了日期，所以正文中只写清请假天数即可。

例文二

收　条

今收到市“助困基金会”资助我的学费人民币贰仟元整（￥2000.00）。

此据

滨海职业学校汽修班学生　冬　阳

2016年9月10日

丨评　析丨

收条属于单据，虽然篇幅短小，但由于存在着切实的利益纠葛，有时甚至会“一字千金”，所以应特别注意内容和措辞的准确性，尤其是标题、数字、落款一定要规范。

例文三

领　条

今从总务处领到下列办公用品：可调台灯一台，玻璃板一块，文件夹一个，订书器一个，直尺一把。

夏　雪

2016年9月28日

丨评　析丨

这张领条写明了所领物品的名称、数量，写明了领物人的姓名，符合领条的书写格式和内容要求。

启　事

一、任务情境

夏雪同学不小心把饭卡弄丢了，急得团团转。冬阳说：“你赶紧写一份寻物启事，贴在学校公告栏里，捡到饭卡的同学看见启事就会和你联系。”听了冬阳的话，夏雪马上回教室查找相关知识，动笔写寻物启事。

二、知识点击

（一）启事的概念、分类和特点

1.启事的概念和分类

启事是用来向公众公开申明某件事情，以提请公众知晓、关注，或希望公众参与支持的一种应用文。

启事可分为征招性启事、祈请性启事、知照性启事。

征招性启事，是用于征求和招用的启事，如征文、征订、征集、征婚、征友、招生、招聘、招商、招标等启事。

祈请性启事，是向公众请求协助或支持的启事，如寻物启事、寻人启事、招领启事、求租启事等。

知照性启事，主要目的是让公众周知，并提请公众注意，如更正启事、变更启事、开业启事、鸣谢启事、道歉启事、挂失启事、迁址启事、婚庆启事等。

2.启事的特点

（1）公开性。启事是公开张贴、散发或通过各类媒体公布发表的，因此，不管以何种形式、在何种场合出现的启事，均是面向社会的、公开的。

（2）自愿性。启事虽对社会公开发布，但不具备法律效力，没有强制性和约束力，凡符合条件的相关人员均可参与、知晓或传播，也可以不予理睬。

（二）启事的格式和写法

启事由标题、正文、落款三部分组成。

标题。在第一行居中写上启事的名称，如“寻物启事”“迁移启事”“招领启事”等，也可以不写“启事”二字，直接表明是为了什么事写这个启事的。如果事情紧急，还可以在“启事”前面加上“紧急”“重要”等字样。

正文。在标题的下方，空两格写启事的内容。因告启事项的不同，启事正文的写法也多种多样，不拘一格，但一般都应包括事由陈述和具体事项陈述，即把发布启事的原因、目的、内容、要求等事项准确无误地写清道明。若是寻物启事或招领启事，要把联系地址、电话号码等写明。

落款。在正文的右下方署上发布者（单位或个人）的名称及发布启事的准确日期，日期写在名称下方。

三、例文评析

寻物启事

本人于2016年9月10日（星期六）乘本市5路公交车时，不慎遗失红色皮包一个，内有身份证、驾驶证、单位介绍信等物。有拾到者请与本市明珠花园小区6号楼5单元202室杨小乐联系，必有重谢。

联系电话：05××-22×××061

杨小乐

2016年9月10日

|评　析|

这篇启事属于祈请性启事。此类启事用于寻求帮助或支持，关键要将寻求帮助的具体事项和要求说清楚，以便于大家提供帮助。因是寻求帮助，态度要诚恳，注意感谢性语言的使用。

四、写作实训

1.根据下列情境写作条据。

（1）冬阳寒假回家乡过年。2月21日，村外小山上发生火灾，冬阳和农民一起上山扑火时不小心受伤。3月1日就要开学了，他估计自己不能按时回校上课。请你代冬阳同学写一份请假条。

（2）2016年1月15日，王大爷收到所在公司委托街道办事处工作人员送来的节日慰问金500元和30公斤装东北大米2袋。请你代王大爷写一张收条。

2.请按“招聘（或招工）启事”的格式，对下文加以改写。

舒雅服装店在橱窗上贴了一张大纸，上面写着：招女导购二名，高中以上文化程度，18—23岁，身高1.6—1.7米，待遇从优，欢迎面议。

任务四　证明信

任务目标

1. 了解证明信的特点及分类，掌握证明信的结构和写法；
2. 能根据被证明人的要求，熟练写作相应类型的证明信；
3. 认识证明信在现代社会的重要性，增强使用证明信的意识。

一、任务情境

书信是一种非常诗意的文体，鸿雁传书本身也可以说是一种诗意的存在，但是在信息化和数字化时代的今天，这种诗意渐渐成为远去的风景。特别是进入21世纪以来，手机、QQ和微信用户数以亿计。想跟家人或朋友谈心、说事，打电话，QQ语音，甚至微信视频聊天，既快捷，又省钱，彻底颠覆了原先邮票信封式的信息沟通和情感交流方式。那么我们是否就可以据此断言，书信已成为新时代的弃儿，将与我们渐行渐远，并最终被社会淘汰呢？答案是否定的，除了传统书信的温情是现代通信手段无法替代的这一点之外，许多专用书信因其实用性和必要性，在今天依然被广泛使用，甚至不可或缺。证明信便是其中之一。

二、知识点击

（一）证明信的概念、分类及特点

证明信是以机关、企事业单位、社会团体或个人的名义，凭借确凿的证据证明某人的身份、经历或某件事情的真实情况时所使用的一种专用书信，也可直接称作证明。

证明信最大的特点就在于它作为凭证的功能。要针对对方要求，择要、严肃、认真、实事求是地写。

从内容来看，可以将证明信分为证明某人身份、证明某人经历、证明某件事情真相的证明信等。

从证明信的开具方来看，可以将证明信分为以组织的名义开具的证明信和以个人的名义开具的证明信两种。而以组织的名义开具的证明信还可再分为普通书写证明信和印刷证明信两种。

（二）证明信的格式和写法

证明信形式多样，但结构大致相同，由标题、称谓、正文、结尾和落款五部分构成。

1. 标题

证明信的标题通常有以下两种方式：

（1）单独以文种名作标题。在第一行居中以较大字体写上“证明信”或“证明”字样。

（2）由事由和文种名共同构成。在第一行居中书写“关于×××同志××情况（或问题）的证明”。或专项证明，如“收入证明”。

2. 称谓

在第二行顶格写受文单位或个人名称及相应称呼，然后加冒号。有些供有关人员外出活动证明身份的证明信因没有固定的受文者，开头可以不写称谓，可在正文前用公文引导词“兹”引起正文内容。

3. 正文

另起一行空两格书写。针对对方要求，需要证明什么问题就据实择要写什么问题，无关内容不写。如证明某人的历史问题，则应写清人名、何时、何地及所经历的事情；若要证明某一事件，则要写清涉事人员的姓名、身份及其在此事件中的地位、作用，讲清事件原委，还原事实真相，用语要凝练准确，避免歧义。

4. 结尾

另起一行空两格写上“特此证明”四个字。

5. 落款

在末行右下方写上证明单位或个人的名称。另起一行，在右下方写明日期。最后由证明单位或证明人加盖公章、签名或盖私章，否则证明信无效。

（三）写证明信时应注意的事项

1. 以个人名义开具的证明信，一般需同时写明证明人本人的身份、与被证明人关系等相关情况。同时证明人的单位组织也需签署意见，内容包括：

（1）写明证明人的政治、工作情况，便于受文单位或个人了解证明人的情况，从而提高证明材料的可信度。

（2）对证明材料的态度。凡证明材料属熟悉的，可表示肯定或否定的态度；如不熟悉，可注明“仅供参考”。签署意见之后，署上名称、日期，并加盖公章。

2.对于随身携带用来证明身份或使命的证明信，一般要求在证明信的结尾注明有效期限，逾期失效。

3.证明信不得使用铅笔、红色笔书写。证明信一般不得涂改，如确需涂改，需在涂改处加盖公章。手写证明信凡涉及账目等关键数据，数字需大写。

三、例文评析

关于王学农同志民办教师经历的证明

滨海市教育局：

本人赵有年，系滨海市赵沟镇榆泉村村委委员。与王学农同志为同村村民。

王学农同志，男，现年56岁。于1976年2月至1987年6月在榆泉村小学担任民办教师职务，共计11年零4个月。其间从无间断，无违法乱纪行为，因企业招工调离我村民办教师队伍。

特此证明

赵有年

2014年10月26日

赵有年同志，男，58岁，中共党员。系滨海市赵沟镇榆泉村村委委员，支部文书。上述证明材料真实可信。

滨海市赵沟镇榆泉村村民委员会（公章）

2014年10月28日

| 评　析 |

例文是以个人名义开具的证明信。标题采用了“事由十文种”的形式。证明信中先就证明人的身份及其与被证明人的关系做了说明，然后就需证明内容做了全面具体的说明，用语简洁准确。同时证明信还出具了证明人单位的签署意见，使证明信更加真实可信。此证明信格式规整，结构合理，语言精练准确，是值得借鉴的例作。

四、写作模板

（一）普通书写证明

提示	模板
标题	证明信
称谓	×××：
正文	×××同志，男，××岁，系×××××××××××××，该同志于××××年××月××日至××××年××月××日在我单位×××××××××××××。
结尾	特此证明
落款	××××××××（加盖公章） ××××年××月××日

（二）印刷并单位留存证明

证明信（存根）

字第　　号

被证明人：

证明项目：

经手人：

签发人：

年　　月　　日

（有效期　　天）　　字第　　号（公章）

证明信

兹有__________（单位）__________同志，性别______，年龄______岁，身份证号__________，××。

特此证明

单位名称（公章）

年　　月　　日

（有效期　　天）

五、写作实训

1.证明信有哪些种类？写证明信应注意哪些问题？

2. 下面这则证明信有哪些不妥的地方？试加以修改。

证明信

××研究所：

刘××，男，32岁，系我厂研发部技术人员。今前往贵研究所洽谈学习及引进×××××技术和项目的事宜。

特此证明

海通食品有限公司

2016年6月13号

3.小试身手

（1）小王想从建设银行申请住房贷款，银行要求小王单位（汇鑫机械）出具小王的个人收入证明。如果你是小王单位办公室负责人，应该怎样来写这份收入证明呢？

（2）2016年7月2日夜，通州市发生一起恶性交通事故。一位老妇在过马路时被一辆闯红灯的面包车撞伤（路口无监控），肇事者短暂停驶后驾车逃逸。驾驶银色小轿车的朱先生恰好经过，下车查看后，及时拨打了120急救电话和110报警电话，在做完笔录后离开事故现场。因为伤势过重，老妇人最终不幸去世。然而老妇家人以朱先生最早发现并报警为由，一口咬定是朱先生撞伤老妇，并提出巨额索赔。此事经媒体报道后在社会上引起了强烈反响。公安系统迅速立案，并发出协查通告，寻找目击证人。假如案发当时你正好在场，并目睹了案件整个过程，且愿意做目击证人，准备向市公安系统出具证明材料，你会怎么写这份证明呢？

关键词：雨夜　红色　男性驾驶　车牌尾号069　市公安局交警大队

项目二　毕业求职

训练目标及要求

一、了解实习报告、个人简历、求职信、劳动合同的含义、分类、特点和作用；

二、结合互联网平台及数字化教学资源，积累求职与就业的写作素材及相关信息；

三、熟悉上述应用文的结构和写法；

四、参考写作模板，能针对职业岗位要求，撰写个人简历、求职信，探究劳动合同的标准格式及内容要素，并能将其落实到撰写过程中；

五、在实际应用中，逐步增强借助应用文求职的意识，通过劳动合同维护自己的合法权益。

任务一　实习报告

任务目标

1. 了解实习报告的含义及特点；

2.掌握实习报告的结构和写法；

3.了解实习报告写作的注意事项。

一、任务情境

经过近一学期的顶岗实习，徐鹏飞圆满地完成了实习任务并顺利返校。返校后，徐鹏飞所面临的一项重要任务是着手撰写实习报告。徐鹏飞在实习过程中认真记录了实习日志，他一直认为实习日志就是实习报告，但是在一次实习心得交流座谈会上，他的实习指导教师明确指出，实习报告不同于实习日志。徐鹏飞该如何撰写实习报告呢?

二、知识点击

（一）实习报告的含义

一般认为，实习报告是学生向学校汇报自己的实习过程、收获和体会的书面报告，也指各种人员对实习期间的工作学习经历进行描述的文本。

（二）实习报告的特点

1.真实性。实习报告是用来指导实际工作的，或者为未来工作提供帮助、经验、教训。亲身经历实践，才可能写出真实可靠、对工作具有指导性的实践报告，这体现了实习报告的真实性的特点。

2.针对性。实习是结合所学专业特点而进行的一项有针对性的工作。撰写实习报告要与实习工作重点相结合，做到中心明确，主题突出，明确实习工作所取得的成就以及存在的问题，以事实材料为依据来阐明观点。

3.典型性。所选取的材料要能够揭示所要解决的问题，具有代表性、普遍性，具有一定的说服力，从而使之成为值得借鉴的可靠资料。

4.系统性。实习报告是对整个实习活动的高度概括和详细总结，无论是经验还是教训，都必须是实习者自身对整个实习过程的总体思考所得。

（三）实习报告的结构及写作要求

实习报告一般由三部分组成：

第一部分：实习基本情况。包括实习目的、意义、时间、地点、实习任务、实习岗位、实习单位基本情况介绍、在实习中从事了哪些具体工作等内容的叙述，要求语言简练，详略得当，点明主题。

第二部分：实习内容及过程。按顺序逐一介绍实习过程与工作内容、专业知识与专业技能在实践中的运用情况等。要求内容翔实，层次清楚，侧重介绍实际动手能力和技能的培养、锻炼和提高，切忌记账式的简单罗列。

第三部分：实习体会。要求条理清楚，逻辑性强，着重写对实习内容的总结、体会和感受，包括成绩与收获、经验教训与不足，以及今后应努力的方向。

三、例文评析

例文一

实习报告

2011年9月7日，我有幸来到国电联合动力（连云港）技术有限公司实习。作为一名即将毕业的学生，我能够在这样的公司里实习，感到非常荣幸。这是我第一次正式与社会接轨踏上工作岗位，开始与以往完全不同的生活：每天按时上下班，认真准时地完成工作任务，不能草率敷衍了事。凡事得谨慎小心，否则随时都可能因为一个小小的错误而承担严重的后果，再也不是一句对不起和一纸道歉书所能解决的。

从学校到社会的大环境的转变，身边接触的人也完全换了角色，老师变成老板，同学变成同事，相处之道完全不同。在这巨大的转变中，我感受到彷徨、迷茫。不过，经过慢慢的适应，与同事们，也可以说是各位哥哥姐姐们都打成一片了。也许因为我年龄小，无论在工作上还是在生活上，大家都很照顾我。在工作上，如果我遇到不会的东西，请教他们，他们都很热心地解释给我听和教我。我的实习时间虽然不长，却从中学到了很多关于做人、做事的道理与方法。在生活上，他们对我嘘寒问暖。遇到什么烦心的事，他们也会耐心地听我讲述并给我鼓励和支持。

我被分配到人力资源部，主要工作是带人体检，整理体检报告。几乎每个星期都有人体检，忙的时候每天都会有，因此每天都要在外面跑。体检完后还要检查他们的体检单看有没有漏查的，而且要解答已经被问过几十遍的问题。因此，这项工作不仅需要吃苦耐劳的精神，还需要耐心和细心。

我也做过一段时间档案管理的工作。管理档案的工作量非常大，首先要把资料收齐并集中装在一起，然后建电子表，编号后再把档案放在柜子里。特别重要的一点是，这是公司每个员工的档案信息，是绝对不可以随便泄露出去的。

在国电实习的这段时间里，我体会到了做事的艰难。以前什么事都没做过，在家只知道饭来张口衣来伸手，经过这次实习，我明白了两个道理：

1.做任何工作都要积极、主动、认真、负责；

2.要不怕辛苦、不怕困难。

最后，非常感谢国电联合动力给了我这次难得的实习机会。这次实习让我拓宽了视野，增长了见识，体验到社会竞争的残酷，也为自己以后的工作积累了宝贵的经验。今后我会更加努力，不断丰富知识，不断积累工作经验，不断提高工作能力，争取做一个对社会有贡献的人。

×××

××××年××月××日

（选自“道客巴巴”网站）

例文二

在几个月的实习中，我提高了对民事庭审的认识。通过参加欠款、典当、居间合同纠纷、人身损害赔偿、离婚案件纠纷、撤销权纠纷、环境污染侵权纠纷等14场庭审，我对民事案件的审判特点和程序有了比较详细的了解。在学校模拟审判时接触的刑事案件比较多，注重程序，法庭审理时的严肃、严谨给我留下了深刻印象。审理民事案件关键在于化解当事人之间的矛盾，和刑事案件着重体现国家强制力、惩罚犯罪、维护社会稳定不同，民事案件的理想目标应是案结事了，让双方当事人共赢而又不失法律的尊严。这一点对法官的个人职业道德素养要求很高，不仅要求有渊博的法律知识，更重要的是懂得替当事人着想，尽量减少当事人的诉讼成本，提高司法效率。

|简　析|

从上述例文可以看出，实习者采取了对比的方法。原本认为审理民事案件也像审理刑事案件那样严肃严厉，现在才知道，审理民事案件关键在于化解当事人之间的矛盾，其理想目标是案结事了，让当事人双方共赢而又不失法律的尊严。经过对比，就把自己的收获和提高具体而明确地表达出来了，这也是撰写实习报告的常用手法。

四、写作模板

提示	模板
实习基本情况	××××年××月××日—××××年××月××日，我到××单位实习，实习岗位是××。
实习过程	在实习过程中，我的表现较好，体现在××××，××××等，也有一些问题，比如××××，××××等。
实习体会	短短××时间的实习，我有许多收获，也有许多心得体会，也发现了自己的不足。 首先，××××；其次，××××；再次，××××。 最后，我要感谢××××，感谢××××。我会在以后的工作中向他们学习，牢记教诲，做到××××。

五、写作实训

利用寒暑假时间，到某单位实习，根据所学知识，写一篇实习报告。

要求：观点明确，论据翔实，条理清楚，文字简练，格式规范，具有鲜明的针对性和创新性。可参照例文格式拟写。

任务二　个人简历

任务目标

1. 了解个人简历的含义和特点；
2. 掌握个人简历的结构和写法；
3. 学会撰写个人简历。

一、任务情境

2018年2月，××市金桥旅行社由于业务扩大，急需招聘10名工作人员。××职业学校2015级旅游专业的毕业生正面临着就业的压力，看到这个招聘启事，争相投递个人简历和求职信。那么究竟谁能胜出呢？在撰写个人简历时应注意哪些技巧？怎样写才能吸引用人单位的眼球，增加面试的机会呢？

二、知识点击

（一）个人简历的含义和特点

1.个人简历的含义

个人简历就是对某个人的生活经历，包括求学经历、工作经历，有侧重点地加以概述的一种常用的应用文体。

简历制作是求职过程中的第一步，也是相当关键的一步。用人单位通过简历上的信息，对应聘者进行初步的资格筛选，求职者最终能否获得面试机会，简历起着至关重要的作用。

2.个人简历的特点

个人简历讲求真实性、简洁性和针对性。

真实性是指写简历时一定要客观理性地总结自己的经历，做到真实、准确、不夸大、不缩小、不编造，这样才能取信于人。

简洁性是指文字要精练准确，层次要分明，力争传达丰富而有效的信息。

针对性是指要根据招聘要求，提供有针对性的信息，要突出重点，与岗位无关的不写或者略写，切忌眉毛胡子一把抓。

（二）个人简历的结构和写法

从形式上分，个人简历可分为条文式和表格式。

条文式主要是按年月顺序列出个人的学习、工作经历等信息。

表格式可以根据需要有选择地列出学习、工作、成绩及其他重要的信息。

简历也可以用文字、图片互为补充，不管采用何种形式，其内容都万变不离其宗。

一般来讲，个人简历由标题、正文、落款三个部分组成。

1.标题。可以直接写“简历”二字，也可以在简历之前冠以姓名和称谓。

2.正文。包括个人基本信息（姓名、性别、年龄、民族、籍贯、政治面貌、学历、联系方式）、学习经历、工作经历、荣誉与成就、求职愿望、自我评价及对应聘工作的理解等。

3.落款。包括署名和日期。

要强调的是，个人简历要突出个性、富有创意，达到成功推销自己的目的。

（三）写作个人简历应注意的问题

1.内容上突出个性

内容就是一切，所以一定要突出个人的主要经历、能力、成绩。应该注意先将本人具备的能力和所取得的成绩一一列出，然后仔细分析自己能够胜任这份工作的理由。针对不同的招聘单位，应量身定制个性化的创意简历。

2.形式上大方得体

版面设计必须吸引人而且容易阅读，需要强调的部分采用粗体字，但是不要用太多花哨的字体或斜体字，否则会分散招聘者对于重点信息的注意力。

3.篇幅上短小精美

要使招聘者在最短的时间内读到更多的信息，篇幅最好不超过两页（A4纸）。

4.表达上转劣为优

如果你刚毕业，年轻、缺乏工作经验是你的弱势，写作时需要技巧以转劣为优。如可以在简历中的工作技能部分强调“勤奋苦干，能迅速掌握新技能”，或表示愿意接受较低的薪水，不起眼的工作任务，长时间或在常规工作时间外出工作等。

5.用词上力求精确

用第三人称的立场写作，阐述技巧、能力、经验要尽可能准确，不夸大也不误导，避免咬文嚼字和令人难以理解的措辞。切忌写错别字。

6.用证据证明实力

招聘人员总是想要你拿出真正具有实力的证据。要用精准的事实和数据把已取得的成绩罗列清楚，不要只列过去的职责。

7.呈现证明材料复印件

个人简历后面，附上个人获得的资格证明和获奖证明复印件。如考取的各类职业资格证书以及获得的奖学金、三好学生、优秀学生干部证书的复印件等。这些材料能够给用人单位留下深刻的印象。

三、例文评析

例文一

个人简历

基本信息

姓名：×××　　性别：女

学历：专科　　专业：文秘专业

政治面貌：共青团员

出生年月：1994年1月　　手机：139××××1234

联系地址：济南市×××街××号

联系电话：0531−12345678

电子邮箱：××××××@163.com

学习经历

2014年7月毕业于××大学文秘专业。

2015年参加接待礼仪课程培训，并获得结业证书。

工作经历

2014年8月至今

在××公司担任办公室秘书。主要负责公司收、发文管理，公司宣传册、名片等宣传品管理，办公用品、耗材的采购及管理，公司各类证照的年检管理，以及公文起草、会议记录，公司的对外联络、接待和各部门的沟通等办公事务。

获得证书情况

国家英语四级证书、全国普通话水平测试二级甲等证书、全国计算机二级证书、秘书中级技能证书、公共关系资格证书。

个人简介

毕业后一直从事行政工作，我深深体会到秘书工作的重要性，更喜爱上了这项工作，这是一项需要责任心、细心、耐心去完成的工作。大学期间专业课成绩优秀，多次获得校级奖学金，为我今后走上工作岗位奠定了良好的基础。专业技能较好，中文录入速度每分钟100字以上；英语的听、说、读、写能力达到四级水平；能够熟练使用办公软件，熟练地操作办公自动化设备。工作认真负责，具有较强的服务意识、良好的沟通能力和文字表达能力，深受领导和同事的好评。

自我评价

◆具有较强的时间管理能力

◆优秀的外联和公关能力，具备解决突发事件能力

◆较强的适应能力、抗压能力及保密意识

◆工作细致认真，谨慎细心，责任心强

◆具有很强的人际沟通、协调能力，团队意识强

求职意向

希望能到企业、行政事业单位，从事办公室管理、人力资源管理、文秘、行政管理等相关工作。

×××

××××年××月××日

例文二

个人简历

基本情况						
姓名	夏雪	性别	女	民族	汉	照片 （免冠1寸彩色照片）
出生年月	1998年3月	籍贯		山东省济南市		
政治面貌	共青团员	学历学位		中专毕业		
毕业学校	××中等职业学校	所学专业		市场营销专业		
联系电话	138××××××××	QQ或电子信箱		×××@163.com		
地址	山东省××市××街××号			身份证号	××××××××××××××××××	
主要学习经历						
小学：2004年9月至2010年6月就读于××市实验小学； 初中：2010年9月至2013年6月就读于××市第六中学； 职中：2013年9月至2016年6月就读于××市××职业学校。						

在校期间参加主要工作（实习）情况
2011 年 9 月—2013 年 6 月　担任团支部书记； 2013 年 9 月—2016 年 6 月　任班长； 2014 年 9 月—2016 年 6 月　担任学校学生会副主席； 2016 年 1 月—2016 年 5 月　在银座超市实习。
获奖情况
2012 年 9 月　荣获"优秀共青团员"称号； 2013 年 12 月　荣获"优秀学生干部"称号； 2015 年 6 月　荣获 ×× 市中等职业学校市场营销专业技能大赛一等奖； 2015 年 12 月　荣获山东省中等职业学校文明风采大赛征文比赛一等奖。
已获证书
全国普通话水平测试二级甲等证书、会计从业资格证、市场营销员证书、全国英语等级考试二级证书、全国计算机等级考试一级证书。
求职意向
市场营销主管、市场营销专员等，也可从事活动策划、宣传等方面的工作。
自我评价
1. 活泼开朗，有较强的组织能力、活动策划能力和公关能力。如：在上学期间曾多次组织班级体育比赛、文艺演出，并取得良好的效果。 2. 勤奋好学，有较强的语言及文字表达能力。如：曾多次在各类演讲比赛及征文比赛中获奖。 3. 乐于助人，认真负责，有较强的团队精神。如：在同学中，有良好的人际关系和较高的威信，善于协同作战。

评　析

这两份个人简历分别采用条文和表格的形式，内容介绍较为全面客观，针对性强，较好地展示了求职者的优势和特长。如能在简历后面附上相关证明材料的复印件，对用人单位就更加具有吸引力。

四、写作模板

提示	模板
标题	毕业生个人简历
正文 基本情况 ↓ 主要学习经历和工作经历 ↓ 自我陈述与评价	姓名：××× 性别：×× 出生日期：××××年××月××日 毕业院校及专业：×××职业学校×××专业 手机：××××××××××× 求职意向：××× 教育经历：×××× 工作经历：×××× 所获荣誉：×××× 外语水平：取得××语××级证书 计算机水平：取得××××级证书 优势特长：×××
落款	××× ××××年××月××日

五、写作实训

暑假将至，为了让同学们更好地参与社会实践，学校将在6月底为同学们举办一次招聘会，届时大润发商场、肯德基、必胜客等企业将到学校招聘暑假工。请结合自己的专业特长，写一份个人简历参与应聘。

任务三　求职信

任务目标

1. 了解求职信的含义和作用；
2. 掌握求职信的结构和写法；

3.了解求职信写作的注意事项；

4.掌握求职信的写作技巧。

一、任务情境

夏雪是济南一所职业学校2013级市场营销专业的学生。临近毕业，她希望得到一份销售的工作。她在媒体上看到了一家大型商场的招聘信息，招聘条件基本具备。在老师的指导下，她向那家商场投递了求职信。凭借着出色的求职信、良好的个人素质和扎实的基本功，她顺利地得到了这份满意的工作。

二、知识点击

（一）求职信的含义和作用

求职信是向用人单位介绍自己，并请求给予录用的一种应用文体，又叫自荐信、应聘信。

求职信起着毛遂自荐的作用，是求职者和用人单位之间沟通的桥梁。

（二）求职信的结构和写法

求职信由标题、称谓、正文、结尾、落款五部分组成。

1.标题。直接以文种为题，即“求职信”。

2.称谓。用人单位不明确的，可写“尊敬的领导”“人事处负责同志”等；用人单位明确的，可用“尊敬的××”来称呼。

3.正文。正文是求职信的重点部分，内容较多，可分段写。

第一，介绍基本情况。如姓名、年龄、性别等，然后直截了当地说明通过哪种渠道得到相关信息以及写此信的目的。

第二，交代个人条件。介绍个人专业技能、工作经历、爱好特长等，要注意表现主要成绩，突出优势，并对自己的能力作出客观评价。语言要中肯，恰到好处；态度要谦虚诚恳，不卑不亢。如：

> 我于1996年7月毕业于东北财经学院财会专业。毕业成绩优秀，并在省级会计大奖赛中获得“能手”嘉奖（见附件），在《海南金融》等杂志上发表过多篇学术论文（见附件）。我在有关材料上看到过关于贵公司的情况介绍，我喜欢贵公司

的工作环境，钦佩贵公司的专业精神，赞赏贵公司在经营、管理上的一整套切实可行的规章制度。这些均体现了在当前改革开放的经济大潮中贵公司的超前意识。我十分期待到这样的环境中去艰苦拼搏，更愿为贵公司贡献我的学识和力量。我相信，经过努力，我能出色完成我的工作。

第三，提出希望和要求。一般要表明很期待对方的回复，措辞要适可而止，不宜强求。如“希望您能为我安排一个与您见面的机会”，或“盼望您的答复”，或“敬候佳音”等。

4.结尾。信的结尾要留下求职者的联系方式，如电话、家庭住址、邮编、邮箱等。最后写表示敬祝的话。如“此致”，换行顶格写“敬礼”，或“祝工作顺利”“事业发达”等。

5.落款。写信人的姓名和成文日期写在信的右下方。姓名写在上面，成文日期写在姓名下面。姓名前面不必加任何谦称的限定语。成文日期要年、月、日俱全。

若有附件，可在信的结尾处注明。附件不需太多，但必须有分量。选用的证明材料，应有必要的签名和盖章。

（三）求职信写作注意事项

1.内容要简洁清晰。切忌长篇大论，篇幅控制在600字以内（附件除外）。

2.措辞要有分寸。实事求是介绍自己，不过分夸耀，也不过分谦虚，做到不卑不亢。

3.要有针对性。求职信的内容要与招聘单位的岗位需求相符合，善于从用人单位的角度出发考虑问题，有针对性地提供背景材料。

（四）求职信的写作技巧

写求职信，须讲究写作技巧，力求做到“情、诚、美”兼备，以“情”感人，以“诚”动人，以“美”迷人。

以“情”感人。关键要做到两点：一是把握用人者的心理，投其所好；二是寻找共同点，引起共鸣。

以“诚”动人。主要表现为“诚意”和“诚实”。“诚意”就是要求态度诚恳，不能夸夸其谈。“诚实”就是要客观真实地描述。

以“美”迷人。指语言要饱含感情。适当地选用一些谦辞、敬辞，如“恳请”“敬请”“您”“贵公司”等。语言要富有生气，善于运用成语和口语，使语言表达更精辟凝练、形象活泼。

三、例文评析

例文节选一：真诚剖析自己

尊敬的领导：

您好！首先，真诚地感谢您从百忙之中抽出时间来看我的自荐材料。我叫×××，是×××××大学的应届毕业生，所学专业是法学。也许看到这里您会觉得我一点都不符合您的要求，我请求您看下去，我有信心让您满意……

例文节选二：完美展示自己

尊敬的领导：

您好！当您亲手开启这份自荐信时，我已经做好了接受您的考核和检阅的准备……我是来自农村的孩子，受父母的影响，性格执着而坚强，从不急功近利，万事能够从最底层做起，扎实地走好每一步。有着一颗积极上进的心，热爱自己的工作，相信勤奋和努力是理想的根基……

例文三：

求职信

尊敬的领导：

感谢您在百忙之中翻阅我的自荐材料！

我叫周明华，是中国地质大学（北京）人文经管学院2014级管理工程专业（市场营销）的本科毕业生。

在大学的前三年中，我学习了本专业及相关专业的理论知识，并以优异的成绩完成了相关的课程，为以后的实践工作打下了坚实的专业基础。同时，我注重外语学习，具有良好的英语听、说、读、写能力，除通过大学英语国家四级考试外，我还学习了初级日语。在科技迅猛发展的今天，我紧跟步伐，不断汲取新知识，熟练掌握了计算机的基本理论和应用技术，并顺利通过了国家计算机二级（C语言）考试。现在，我正在为通过国家计算机三级而努力。

三年来，我一直参与学生会工作，致力于学生的自我管理和组织学生活动，曾先后担任校学生会体育部副部长，院学生会副主席、体育部长等职务。三年的学生会工作培养了我的团队协作精神，提高了我的组织协调能力。在组织学生活动的同时，我参加了学校和社会的各项实践活动，努力培养自己的各种兴趣爱好。通过组织活动和参与活动，我养成了良好的工作态度和处世态度。

在院领导、老师们的支持和自身的努力下，我在学习和工作中都取得了优异的成绩，不仅完善了知识结构，还锻炼了意志，提高了能力。因此，我光荣地加入了中国共产党。

恕冒昧，如果我能成为贵公司的一员，我定当把我全部的热情和能力投入工作中。请相信：你们所要实现的正是我想要达到的！

此致

敬礼

自荐人：周明华

2017年8月20日

|评　析|

这封求职信思路清晰，内容简洁，措辞得体，态度诚恳，自我评价适中，充分展示出了自己的实力所在。

四、写作模板

提示	模板
标题	求职信
称谓	尊敬的领导：
正文	我是××学校××系的一名学生，即将毕业。 ×年来，在××××及个人努力下，我具备了××××，系统地掌握了××××、××××等有关理论；熟悉××××；具备较好的英语××××能力；能××××操作计算机××××。同时，我还有××××等特长。我期望××××。
结尾	衷心祝愿贵公司事业发达、蒸蒸日上。 附：本人电话：×××××××××××
落款	求职人：××× ××××年××月××日

五、写作实训

1.某旅游文化发展公司因扩展业务，需要招聘导游人员2名、财会人员2名、计算机操作员1名。请你以求职者的身份选择一个岗位，写一封求职信。

2.毕业后你想到什么单位从事什么岗位的工作？利用互联网等搜寻相关的招聘信息，给对方投递一份求职信。

拓展阅读

求职信的10条规则

1.针对不同的行业和雇主，你的求职信要量体裁衣。

2.提出你能为未来雇主做些什么，而不是他们能为你做什么。

3.集中精力于具体的职业目标。

4.不要对你的求职情形或人生状况说任何消极的话。

5.直奔主题，不要唠叨。

6.不要写没有说服力的空话。

7.不要超过一页，除非你的未来雇主想要了解更详细的信息。

8.杜绝任何打印或拼写错误，要仔细检查。

9.发送之前，先让他人帮忙看一遍。

10.所有资料都应做好存档，并保存发送记录。

任务四　劳动合同

任务目标

1.学习、了解《劳动合同法》的有关知识；

2.了解劳动合同的含义、分类和作用；

3.掌握劳动合同的结构和写法；

4.了解劳动合同写作的注意事项。

一、任务情境

凭借扎实的基本功和优异的表现，以及在校期间取得的各项荣誉和相关证书，李明被一家广告公司顺利录用，成为一名平面设计人员。接下来双方就要签订劳动合同，李明牢记老师的话：劳动合同关系到自己的切身利益，需谨慎对待。

二、知识点击

（一）劳动合同的含义、分类

1.劳动合同的含义

劳动合同，也称劳动契约或劳动协议，是指劳动者同用人单位之间确立劳动关系，明确双方权利和义务的协议。

2.劳动合同的分类

根据我国2008年1月1日起开始施行的《中华人民共和国劳动合同法》（以下简称《劳动合同法》）规定，劳动合同分为固定期限劳动合同、无固定期限劳动合同和以完成一定工作任务为期限的劳动合同。

固定期限劳动合同，是指用人单位与劳动者约定合同终止时间的劳动合同。

无固定期限劳动合同，是指用人单位与劳动者约定无确定终止时间的劳动合同。

以完成一定工作任务为期限的劳动合同，是指用人单位与劳动者约定以某项工作的完成为合同期限的劳动合同。

3. 劳动合同的作用

（1）是劳动者与用人单位双方建立劳动关系的凭证，也是调整双方劳动关系的手段。

（2）是一种法律文本，是确立双方劳动关系的法律形式。

（3）是规范双方行为的准绳。

（4）是减少和防止发生劳动争议的重要措施。

（二）劳动合同的结构和写法

劳动合同一般分为首部、主体和尾部三部分。首部主要是标题、当事人（用人单位和劳动者）名称、签订协议的基本要求等。主体主要是《劳动合同法》第十七条规定的劳动合同应当具备的条款。尾部主要是双方落款盖章，如果经过公证，也应在尾部加以说明。

《劳动合同法》第十七条规定，劳动合同应当具备以下条款：（1）用人单位的名称、住所和法定代表人或者主要负责人；（2）劳动者的姓名、住址和居民身份证或者其他有效身份证件号码；（3）劳动合同期限；（4）工作内容和工作地点；（5）工作时间和休息休假；（6）劳动报酬；（7）社会保险；（8）劳动保护、劳动条件和职业危害防护；（9）法律、法规规定应当纳入劳动合同的其他事项。

劳动合同除上述规定的必备条款外，用人单位与劳动者可以约定试用期、培训、保守秘密、补充保险和福利待遇等其他事项。

（三）无效劳动合同的种类

一是违反法律、行政法规强制性规定的劳动合同。

二是以欺诈、胁迫的手段或者乘人之危，使对方在违背真实意思的情况下订立或者变更的劳动合同。

三是用人单位免除自己的法定责任、排除劳动者权利的劳动合同。

三、例文评析

编号：__________

劳动合同书

甲方名称（用人单位）：

法定代表人（或主要负责人）：

住所：

联系电话：

乙方姓名：

出生日期：　　　年　　月　　日

身份证号码：

家庭住址：

联系人及电话：

根据《中华人民共和国劳动法》《中华人民共和国劳动合同法》和国家及省的有关规定，甲乙双方按照平等自愿、协商一致的原则订立本合同。

|条文解析|

以上是劳动合同的必备条件。劳动合同是约定合同双方当事人的权利、义务的协议。劳动合同的当事人一方是用人单位，另一方是劳动者。只有存在明确的用人单位、劳动者，劳动合同才能正常履行。

（一）合同期限

1.合同期限

双方同意按以下第____种形式确定本合同期限：

（1）固定期限：从____年__月__日起至____年__月__日止。

（2）无固定期限：从____年__月__日起至本合同约定的终止条件出现时止（不得将法定解除条件约定为终止条件）。

（3）以完成一定的工作为期限：从____年__月__日起至工作任务完成时止。

2.试用期限

双方同意按以下第____种方式确定试用期期限（试用期包括在合同期内）：

（1）无试用期。

（2）试用期从____年__月__日起至____年__月__日止。（劳动合同期限三个月以上不满一年的，试用期不得超过一个月；劳动合同期限一年以上不满三年的，试用期不得超过两个月；三年以上固定期限和无固定期限的劳动合同，试用期不得超过六个月。）

| 条文解析 |

这是劳动合同的必备内容。用人单位与劳动者在签订劳动合同时，应根据实际情况协商确定劳动合同期限的种类以及固定期限劳动合同的期限。试用期是指用人单位和劳动者为相互了解、选择，而在劳动合同中约定的不超过六个月的考察期。

（二）工作内容和工作地点

1.乙方的工作岗位（工种）为________________。

2.乙方的工作任务或职责是________________。

3.甲方因生产经营需要调整乙方的工作岗位，按变更本合同办理，双方签章确认的协议或通知书作为本合同的附件。

4.如甲方派乙方到外单位工作，应签订补充协议。

| 条文解析 |

关于工作内容的约定是劳动合同的核心条款。工作内容一般又称工作岗位或工作任务，它是劳动法律关系所指向的具体对象，确定劳动者在用人单位究竟从事什么样的工

作，也是劳动者获得劳动报酬的基础，因而是劳动合同中最重要的条款之一。

（三）工作时间和休息休假

1.甲乙双方同意按以下第____种方式确定乙方的工作时间：

（1）标准工时工作制。即每日工作____小时，每周工作____天。

（2）不定时工作制。即经劳动保障行政部门审批，乙方所在岗位实行不定时工作制。

（3）综合计算工时工作制。即经劳动保障行政部门审批，乙方所在岗位实行以（填“是”）：年（　）、季（　）、月（　）或周（　）为周期的综合计算工时工作制。

2.甲方因生产（工作）需要，经与工会和乙方协商后可以延长工作时间。除《中华人民共和国劳动法》（以下简称《劳动法》）第四十二条规定的情形外，一般每日不得超过一小时；因特殊原因需延长工作时间的，在保障乙方身体健康的条件下，延长工作时间最长每日不得超过三小时，每月不得超过三十六小时。

|条文解析|

工作时间是劳动合同的必备条款，它直接关系到工资报酬的计算和劳动权益的保护。用人单位招聘时，应当根据具体的工作岗位和工作性质，决定工时制度，并以书面的形式予以明确。作为劳动者，在签订劳动合同时也必须明确工作时间，防止用人单位任意延长劳动时间，侵害自己的合法权益。

（四）劳动报酬

1.乙方正常工作时间的工资按下列第____种形式执行，不得低于当地最低工资标准。

（1）计时；

（2）计件；

（3）按照甲方依法制定的工资分配制度确定。

2.乙方试用期工资____元／月；试用期满工资____元／月（元／日）。

3.工资必须以法定货币支付，不得以实物及有价证券替代货币支付。

4.甲方根据企业的经营状况和依法制定的工资分配办法调整乙方工资，乙方在六十日内未提出异议的视为同意。

5.甲方每月____日发放工资。如遇节假日或休息日，则提前到最近的工作日支付。

6.甲方依法安排乙方延长工作时间的，应按《劳动法》第四十四条的规定支付延长工作时间的工资报酬。

| 条文解析 |

劳动报酬也是劳动合同的核心条款，它直接关系到劳动者的切身利益。目前，劳动者的工资构成有多个部分，诸如基本工资、固定工资、绩效工资、提成工资、加班工资等，需要用人单位和劳动者进行协商约定。试用期的工资待遇，法律也予以了明确规定。

（五）劳动保护、劳动条件和职业危害防护

1.甲方按国家和省有关劳动保护规定提供符合国家劳动安全卫生标准的劳动作业场所，切实保护乙方在生产工作中的安全和健康。如甲方实际提供的生产设备、设施和生产工具达不到国家规定的标准要求，须由工会代表乙方监督甲方整改达标后方可投入生产使用。

2.甲方根据乙方从事的工作岗位，按国家有关规定，发给乙方必要的劳动保护用品，甲方应教育、督促乙方正确使用和佩带。高温和严寒天气时要为乙方提供必要的防暑降温和保温取暖的设施和用品。按劳动保护规定每（年／季／月）免费安排乙方进行体检，并建立职工健康档案。对患有职业病的乙方，要及时给予治疗和休息，并调离有毒有害工作岗位。乙方患职业病或因工负伤的工资和医疗按国家和省市有关规定执行。

3.乙方有权拒绝甲方的违章指挥、强令冒险作业，对甲方及其管理人员漠视乙方安全和健康的行为，有权要求改正并向有关部门检举、控告。对此，甲方不得对其刁难或打击报复，不得因此降低工资、福利待遇或者解除劳动合同。

4.乙方在劳动过程中，必须遵守甲方依法制定的规章制度，听从指挥，服从管理，正确佩戴和使用劳动防护用品，严格按照作业标准和安全操作规程进行作业。

| 条文解析 |

本条款是指劳动者为完成约定的工作任务，用人单位为劳动者提供的劳动条件必须符

合国家（际）标准，以保障其人身安全。同时，也对劳动者必须履行的义务进行了约定。

（六）社会保险

1.合同期内，甲方应依法为乙方办理参加养老、医疗、失业、工伤、生育等社会保险的手续，社会保险费按规定的比例，由甲乙双方负责。

2.乙方患病或非因工负伤，甲方应按国家和地方的规定给予医疗期和医疗待遇，按医疗保险及其他相关规定报销医疗费用，并在规定的医疗期内支付病假工资或疾病救济费。

3.乙方患职业病、因工负伤或者因工死亡的，甲方应按《工伤保险条例》的规定办理。

4.甲方按规定给予乙方享受节日假、年休假、婚假、丧假、探亲假、产假等带薪假期，并按本合同约定的工资标准支付工资。

| 条文解析 |

按照《劳动合同法》规定，用人单位应当依法为劳动者缴纳各项社会保险。社会保险包括：养老保险、医疗保险、失业保险、工伤保险、生育保险。其中前三险由用人单位和劳动者按比例共同缴纳，工伤保险、生育保险则由用人单位缴纳。

（七）本合同的变更

1.任何一方要求变更本合同的有关内容，都应以书面形式通知对方。

2.甲乙双方经协商一致，可以变更本合同，并办理变更本合同的手续。

（八）本合同的解除

1.经甲乙双方协商一致，本合同可以解除。由甲方解除本合同的，应按规定支付经济补偿金。

2.属下列情形之一的，甲方可以单方解除本合同：

（1）试用期内证明乙方不符合录用条件的；

（2）乙方严重违反甲方规章制度的；

（3）严重失职、营私舞弊，对甲方利益造成重大损害的；

（4）乙方被依法追究刑事责任的；

（5）甲方歇业、停业、濒临破产处于法定整顿期间或者生产经营状况发生严重困难的；

（6）乙方患病或非因工负伤，医疗期满后不能从事本合同约定的工作，也不能从事由甲方另行安排的工作的；

（7）乙方不能胜任本职工作，经过培训或者调整工作岗位，仍不能胜任工作的；

（8）本合同订立时所依据的客观情况发生重大变化，致使本合同无法履行，经当事人协商不能就变更本合同达成协议的；

（9）本合同约定的解除条件出现的。

甲方按照第5、6、7、8、9项规定解除本合同的，需提前三十日书面通知乙方，并按规定向乙方支付经济补偿金，其中按第6项解除本合同并符合有关规定的还需支付乙方医疗补助费。

3.乙方解除本合同，应当提前三十日以书面形式通知甲方。但属下列情形之一的，乙方可以随时解除本合同：

（1）在试用期内的；

（2）甲方以暴力、威胁或者非法限制人身自由的手段强迫劳动的；

（3）甲方不按本合同规定支付劳动报酬，克扣或无故拖欠工资的；

（4）经国家有关部门确认，甲方劳动安全卫生条件恶劣，严重危害乙方身体健康的。

4.有下列情形之一的，甲方不得解除本合同：

（1）从事接触职业病危害作业的劳动者未进行离岗前职业健康检查，或者疑似职业病病人在诊断或医学观察期间的；

（2）在本单位患职业病或者因工负伤并被确认丧失或者部分丧失劳动能力的；

（3）患病或者非因工负伤，在规定的医疗期内的；

（4）女职工在孕期、产期、哺乳期内的；

（5）在本单位连续工作满十五年，且距法定退休年龄不足五年的；

（6）法律、法规规定的其他情形。

5.解除本合同后，甲乙双方在七日内办理解除劳动合同有关手续。

（九）本合同的终止

本合同期满或甲乙双方约定的本合同终止条件出现，本合同即行终止。

本合同期满前一个月，甲方应向乙方提出终止或续订劳动合同的书面意向，并及时办理有关手续。

（十）调解及仲裁

双方履行本合同如发生争议，可先协商解决；不愿协商或协商不成的，可以向本单位劳动争议调解委员会申请调解；调解无效，可在争议发生之日起一年内向当地劳动争议仲裁委员会申请仲裁；也可以直接向劳动争议仲裁委员会申请仲裁。对仲裁裁决不服的，可在收到裁决书十五日内向人民法院提起诉讼。

|条文解析|

为了保障用人单位的用人权和劳动者的自由择业权，《劳动合同法》规定了双方解除劳动合同的权利。但是对于一些特殊岗位和特殊情形，针对双方单方面解除劳动合同的权利进行了一定的限制，要具体问题具体分析。

（十一）其他

1.本合同未尽事宜，按国家和地方有关政策规定办理。在合同期内，如本合同条款与国家、省有关劳动管理新规定相抵触的，按新规定执行。

2.下列规定为本合同附件，与本合同具有同等效力：

（1）______________________________

（2）______________________________

（3）______________________________

3.双方约定（内容不得违反法律及相关规定，可另加双方签名或盖章的附页）：

____

甲方（盖章）：　　　　　　　　　　乙方（签名）：

法定代表人（签名）：

　　　　年　月　日　　　　　　　　　　年　月　日

备案机构（盖章）：

备案日期：　　年　月　日

四、案例评析

李红毕业后被某家广告公司招聘为职员，并与公司签订了两年的劳动合同。合同中约定：试用期为三个月，试用期工资为600元，试用期结束后为2000元。试用期内，李红表现出色，转眼三个月过去了，公司提出为了进一步对李红进行考核，还需有两个月的试用期。李红非常生气。请问，公司的做法是否正确？这份合同是否有效？

|评　析|

（1）本合同试用期工资低于国家规定的最低工资标准。按照法律规定，试用期工资低于合同约定工资80%，或低于当地最低工资标准的，可以要求补回差额。

（2）本合同试用期时间过长。按照法律规定，劳动合同期限三个月以上不满一年的，试用期不得超过一个月；劳动合同期限一年以上不满三年的，试用期不得超过两个月；三年以上固定期限和无固定期限的劳动合同，试用期不得超过六个月。如果试用期时间超出法律规定，则有权要求企业以试用期满后的月工资为标准，按已经履行的超过法定试用期的月数支付赔偿金。

五、写作实训

暑假里，小明找了一份为期两个月的工作。请你根据所学知识，帮小明看看这份劳动合同是否合适。

学生暑假工短期劳动合同

甲方（用工方）：

乙方（学生）：

根据《中华人民共和国劳动合同法》，甲乙双方在平等自愿、协商一致的基础上，签订本合同，并共同遵守执行。本协议一式两份，双方各执一份。

一、甲方因实际工作需要，按照《中华人民共和国劳动合同法》的相关规定聘用乙方在＿＿＿＿＿＿＿＿做暑假工工作，乙方自愿接受甲方的聘用，服从甲方安排，并保证完成本岗位规定的工作，达到规定的要求。

二、工作时间及工作安排

每天工作时间视实际需要，可由双方协商决定。具体工作由甲方统筹安排。

三、工资待遇及合同期限

工资计算方式为：基本工资______元+______元全勤奖，每月20日结算工资。本合同期限自____年__月__日起至____年__月__日止，如因乙方下半年学校学习需要，经双方协商同意后，乙方可以在合同终止日前几天提前结束工作并终止合同，同时甲方需结清乙方工作期间工资，不得以任何理由克扣乙方工资。

四、甲方的责任和义务

1.甲方应给乙方合理安排工作进度和分工。

2.甲方须为乙方提供一个健康、安全的工作环境。

3.甲方免费提供员工餐，餐具乙方自备。

五、乙方的权利和义务

1.乙方须遵守国家法律法规，接受甲方的领导，服从甲方的管理和工作安排。

2.乙方在甲方工作期间须遵守甲方的安全操作规范。

3.如因乙方下半年学习需要，在双方协商同意的前提下，乙方可在合同终止前几天提前结束工作并终止合同，同时乙方有权要求甲方结清工作期间工资，甲方不得以任何理由克扣乙方工资。

六、因履行本合同发生劳动争议，双方可先进行协商，若协商无果，双方均可申请劳动争议仲裁。

七、本合同如有未尽事宜，可由双方协商处理。

八、本合同经双方签字后生效。

签名：________

知识链接

我国《劳动合同法》第三条规定："订立劳动合同，应当遵循合法、公平、平等自愿、协商一致、诚实信用的原则。"

签订劳动合同前应当仔细阅读合同条款，要坚持保留一份合同原件（企业盖章），且存在以下问题的合同不能签：

1.空白合同。以免企业以不正当的手段规避一些法律规定，在空白处补上与原约定不同的薪资、工作时间、违约金、倒签时间、对自身有利的不实内容等等。

2.押金合同。有的企业为防止劳动者跳槽或便于管理，签合同时先收取押金、风险金、培训费、保证金等，劳动者稍有违反纪律的行为，就会被“合法”扣留这些押金。

3.霸王条款合同。在有一定危险性的行业，有的企业为了逃避责任，在协议中加上“伤亡自负”。有的合同只规定劳动者的义务，却无权利条款，如“企业可以随时调整员工岗位、劳动报酬和工作地点，员工不得拒绝，否则企业可以解雇、罚款”。这样的合同都是无效的。

4.阴阳合同。有的企业为了逃避主管部门的监管，与劳动者签订两份合同。一份是根据《劳动法》要求，由劳动部门统一印制的规范合同，只掌握在用工单位手中，用来应付劳动部门的检查；另外与劳动者签订一份双方真正执行的合同，劳动者和用工者各执一份。这样的合同往往不利于劳动者。

项目三 礼仪往来

训练目标及要求

一、理解邀请函、欢迎辞、欢送辞、感谢信的概念和特点；
二、掌握邀请函、欢迎辞、欢送辞、感谢信的结构和写法；
三、能根据实际需要独立完成“礼仪往来”相关应用文的写作；
四、提高应用文写作水平，增强文明礼仪观念，锻炼社会交往能力。

任务一 邀请函

任务目标

1.明确邀请函的概念和类型，理解邀请函的特点；
2.掌握邀请函的结构与写法，能够设计、撰写不同类型的邀请函；
3.树立“诚交四方客，礼待天下人”的思想意识。

一、任务情境

邀请是一种礼节，更是一种艺术。在人际交往和商务运作中，一次成功的邀请往往能够起到拉近距离、增进感情的作用，为关系的发展和事业的进步铺路搭桥。运用邀请函传情达意，是现代社会人们增进互相了解、加强务实合作常用的一种方式和手段。那么，如何写邀请函？其中又有哪些需要我们注意呢？

二、知识点击

（一）邀请函的概念和特点

1.邀请函的概念和分类

邀请函又称邀请信、邀请书，是单位、组织或个人因节日、庆典、活动或会议等，邀请宾朋、相关单位、知名人士与专家以及潜在客户等出席而发出的一种请约性书信，是现实生活和工作中常用的一种礼仪公关类文书。

邀请函因区分角度不同可以作不同分类：

从邀请对象看，可以将邀请函分为发送给个人的邀请函、发送给单位或组织的邀请函、网络或报刊公开发布（邀请对象不确定）的邀请函等。

从举办事项的性质分，可以将邀请函分为活动邀请函（邀请他人参加宴会、出席典礼，参与重要的纪念活动、仪式等使用）和事务邀请函（邀请他人参加商务洽谈、学术交流、成果展示与评审等使用）。

从制作形式分，可以将邀请函分为纸质邀请函和电子邀请函（以短信、微信、电子邮件等形式发送）等。

2.邀请函的特点

（1）措辞讲究。邀请函是一种专用书信，除了具备一般书信的特点外，在措辞上更为官方与正式。

（2）礼仪礼节展示。邀请函具有浓厚的礼仪色彩，是邀请人对邀请对象诚意的表达和礼节性的展示。有时候明知对方不会前来，也可以向对方发送邀请函，使其感受到邀请人对自己的礼貌和尊重，以利于关系的进一步发展。

（3）请约、备忘功能。邀请函在传递请约意愿的同时，还具有备忘的功能。邀请函一般提前1—2周发出，以便被邀请人早做安排。因此，以书面的形式将活动的时间、地点等相关信息传达给受邀人，可以达到备忘的效果。

（二）邀请函的结构和写法

邀请函在结构上一般包括标题、称谓、正文和落款四部分。具体写法和要求如下：

1.标题

邀请函的标题有两种写法：

（1）单一性标题。直接以文种名作为标题，即“邀请函”。

（2）两要素标题。由发文缘由和文种名组成，用介词“关于”引领，如“关于出席第六届全国钢铁博览会的邀请函”；或由活动、会议名称和文种名两部分组成，如“第十一届全国文明风采评审工作会议邀请函”。“邀请函”三字是完整的文种名称，与公文中的“函”是两种不同的文种，因此不宜拆开写成“关于邀请出席××会议的函”。

2.称谓

标题之下顶格书写被邀请单位名称或被邀请人姓名。

根据发送对象的不同，邀请函称谓拟定具体如下：

（1）发送到单位的邀请函，称谓写单位名称。单位名称要用单称，不宜用统称（如××各单位、××各部门），以示礼貌和尊重。

（2）发送给个人的邀请函，称谓写被邀请人姓名，姓名用全称，前冠“尊敬的”等敬辞，后缀“先生”“女士”或职务名等。

（3）网上或报刊上公开发布的邀请函，由于对象不确定，可省略称呼，或以“敬启者”统称。

3.正文

邀请函正文一般包括前言、主体和结语三部分内容，根据活动性质和实际需要，可作灵活处理。内容力求简明，不宜拖沓。

（1）前言。写明举办活动或会议的缘由、背景和目的。

（2）主体。根据需要，阐明活动或会议的关键信息，包括活动或会议的时间、地点、主题和形式、联系方式、与会须知等核心要素。其中，事务类邀请函主体部分内容比较庞杂，可采用序号加小标题的形式详略得当地说明具体事项。

（3）结语。活动类邀请函多以“恭请光临”“诚邀您拨冗莅临”等词句结语；事务类邀请函可以“特此函达”或“顺颂商（文）祺”等词句结语，也可根据行文需要省略。

4.落款

（1）署名。由个人发送的邀请函在文章右下角署邀请人姓名，由单位发送的邀请函应当署主办单位名称并加盖公章。

（2）时间。另起一行写明发函的具体日期。

（三）邀请函撰写注意事项

1.内容简明准确

邀请函在内容上力求简明，能够恰当地表情达意即可，篇幅不宜过长，同时意思表达一定要做到准确无误。涉及姓名、职务等称谓时，一定要认真核实确认，以免因失误而引起对方不适；对于活动安排的关键信息，比如时间（重要时间节点具体到分钟）、地点等，以及其他相关事宜，务必交代清楚并反复确认，方可发送。

2.感情真挚热烈

邀请函突出一个“请”字，感情表达要真挚热烈，让受邀请人深刻感受到主办方的殷切期盼之情。

3.用语谦敬得体

邀请函的语言要充分体现主办方的热忱与谦恭，表达出对受邀请人深深的敬意，在用语上做到谦敬得体。在行文过程中，要注意常用谦敬辞的含义和适用范围，不要使用“必须”“不得有误”等带有强制性的词语。

三、例文评析

例文一

纪念辛亥革命100周年邀请函

尊敬的______同志：

为隆重纪念辛亥革命100周年，民革四川省委员会决定于2011年9月26日（星期一）9：30在成都金牛宾馆俱乐部礼堂举行“民革中央孙中山研究学会四川分会成立大会暨辛亥革命与孙中山精神研讨会”。

恭请莅临！

中国国民党革命委员会四川省委员会（加盖公章）

2011年9月15月

例文二

康复学术知识交流邀请函

尊敬的××主任：

为促进扬州康复事业的发展，加强扬州康复医学领域与外界的学术交流，了解国内外康复医学领域的最新资讯，兹定于5月28日下午在扬州京华大酒店举办大型学术交流会。届时将邀请香港大学东华医院康复科主任李常威教授、美国西北大学附属医院康复治疗师杨萧莉莉、香港东华医院康复治疗师贺玉丽、香港那打素医院康复科护师董玉华等多名康复医学领域专家到现场进行康复学术知识交流。

我们真诚地邀请您参加！

会议相关事宜安排如下：

一、会议时间：2015年5月28日下午2时30分

二、会议地点：京华大酒店三楼京华厅（文昌中路559号）

三、会议主题：中风后的康复治疗

四、主讲内容

李常威：中风后肌肉挛缩的治疗

杨萧莉莉：偏瘫的物理治疗

贺玉丽：吸入性肺炎的治疗

董玉华：中风后的护理

五、本次学术会议免收会务费，市卫生局和扬州市医学会将授予其继续教育学分2分。

六、参会联系人

联系人：陆小姐

联系方式：13912121212

扬州市颐和康复医院（加盖公章）

2015年5月17日

| 评　析 |

例文一是一篇用于周年纪念的活动邀请函。

（1）标题采用两要素式，由活动名称加文种名构成。

（2）称谓前使用敬辞“尊敬”，后缀“同志”，规范得体。

（3）正文部分，交代活动目的，言明活动时间、地点和活动内容，以“恭请莅临”结语，结构完整规范，语句凝练，内容简明。

（4）以单位名义发送，落款处加盖公章。

例文二是一篇用于学术交流的事务邀请函。

（1）标题和称谓在拟定方式上与例文一相同。

（2）正文前言交代会议目的，主体部分说明会议时间、地点和会议内容。因为内容

比较庞杂，对会议的关键信息采用了序号加小标题形式逐项列述，层次分明，一目了然。

（3）落款处加盖公章。

四、写作模板

提示	模板
标题 （1）单一性标题（文种名） （2）两要素标题 ①活动（会议）名称＋文种名 ②发文缘由＋文种名	邀请函 ××××××邀请函 关于××××××的邀请函
称谓 （1）发送给个人 （2）发送给单位（单位全称） （3）网络和报刊公开发布	尊敬的×××先生/女士（职务） ××市质量技术监督局 敬启者（或省略）
正文 前言 主体 结语	为庆祝××××××，××××××。兹定于××××年××月××日××点××分在××××××中心隆重举行××××××典礼。 恭请莅临！
落款 （1）署名 ①个人名义发送 ②单位名义发送 （2）时间	××× ×××公司（加盖公章） ××××年××月××日

五、综合训练

1.根据所学，谈谈邀请函与请柬的异同。

2.病例评改。分析下面这篇邀请函存在的问题，并提出修改意见。

大晟机械有限公司2016年年会邀请函

各位合作伙伴：

为了加强经验交流，促进我们公司的快速发展，我公司决定于1月20日举办2016年年会。该年会由我公司策划主办，主要包括开放式座谈和品尝美食等活动内容。

现在诚邀你公司来参加我公司的年会。如蒙同意，请务必于1月16日前将你公司参邀人员名单发送到我公司后勤部。

特此函达。

大晟机械有限公司

2016年1月18日

3.学校准备举办校园文化艺术节，希望有才艺的同学积极参与，以展现中学生新时代的精神风貌。政教处赵主任安排学生会主席冬阳“广下英雄帖”，向各班发出邀请。根据所学知识，请你帮冬阳起草一份邀请函。

任务二　欢迎辞　欢送辞

任务目标

1.理解欢迎辞、欢送辞的概念和特点，掌握其结构与写法；

2.能够根据实际情况撰写欢迎辞、欢送辞；

3.增强文明礼仪观念，增强悦纳他人、共创和谐的思想意识。

任务情境

重阳将至，学校号召全校师生过一个有意义的重阳节。届时，各班要召开主题班会，并邀请家长列席。会后，班主任还将带领家长一起参观学生宿舍、食堂、图书馆、实验室等，并和家长一起探讨学生教育和学校发展方面的问题。为了将活动举办得有声有色，城轨交通专业二班班主任安排班长戴悦作为学生代表在主题班会上向家长们致欢迎辞，并在活动结束后致欢送辞，戴悦非常愉快地接受了这项任务。

欢迎辞

一、知识点击

（一）欢迎辞的概念和特点

1.欢迎辞的概念

欢迎辞是在欢迎宾客的仪式或宴会上，对宾客的到来表示热烈欢迎的讲话文稿，是现实生活和工作中常用的一种礼仪类文书。欢迎辞通常由接待方在被欢迎人到达欢迎现场时进行口头表达，也可以根据需要在报刊或其他媒体上发表。

2.欢迎辞的特点

（1）强烈的礼仪公关色彩。热情洋溢的欢迎辞能够在短时间内较好地营造出一种和谐融洽的气氛，给宾客的身心带来愉悦与温暖，从而拉近主宾之间的距离，为日后增进了解、达成共识、强化合作打下坚实的基础。

（2）欢愉的情感与文字。欢迎辞需要传达出主人对宾客到来的期盼与喜悦之情，行文要自然明快，跳动着欢快的音符。

（3）口语化的语体风格。欢迎辞一般在活动现场由接待方口头表述，生活化的语言简洁而又富于情趣，通俗易懂便于交流，能更好地活跃现场气氛。

（二）欢迎辞的结构和写法

欢迎辞在结构上一般包括标题、称谓、正文三部分。单纯用于讲话的欢迎辞无须署名，如需刊载，则应在题目下面居中或文末右下方署名。

1.标题

通常有三种形式：

（1）单一性标题。直接以文种名为标题。

（2）两要素式。由活动名（事由）加文种名构成，如“××路通车典礼欢迎辞”。

（3）三要素式。由致辞人、致辞场合加文种名构成，如“惠州市委书记×××在××会开幕式上的欢迎辞”。

标题只是行文需要，致辞时不用读出。

2.称谓

顶格书写欢迎对象姓名，姓名用全称，前冠“尊敬的”“敬爱的”等敬辞，后缀“先生”“女士”或职务名等。

欢迎对象为群体的，拟写称谓时，既要突出主要人物，又要包括所有在场者，其排列顺序是女士在前、男士在后，客人在前、主人在后。称谓可以用统称，比如“女士们、先生们”“尊敬的××经理、××公司的各位领导”等。

3.正文

欢迎辞的正文一般由开头、主体和结语三部分组成。

开头：通常先说明现场举行的何种仪式，活动举办的背景和意义，接着说明致辞人以什么身份、代表谁向谁表示热烈欢迎。

主体：欢迎辞的中心内容。可以根据实际需要介绍主办单位的相关情况和活动组织情况，介绍主要来宾的相关情况，阐释活动举办或宾客来访的意义、作用，表达对宾客的殷切期盼之情或对宾客拨冗莅临的感激，回忆双方交往的历史与生成的情谊，表达对活动或访问的期待与祝愿。

结语：再次向宾客的到来表示诚挚的谢意和热烈的欢迎，祝愿活动或访问取得圆满成功，并希望来宾在活动或访问期间获得愉悦的体验。

（三）撰写欢迎辞应注意的问题

1.热情洋溢、真诚友善

热情洋溢的文字能让被欢迎人感受到主办方的敬意，真诚友善的情感能让宾客产生宾至如归的感觉。

2.谦敬得体、典雅规范

用语谦虚而不失尊严，恭敬而不失原则；通俗简明而不归于浅陋直白，随性自然却要力避信口开河。

3.思虑缜密、考虑周全

欢迎对象拟定不要有遗漏；注重细节，尊重对方的风俗习惯，以免触犯到对方禁忌，伤害对方感情。

4.主题鲜明、简洁明快

欢迎仪式要注意营造欢快的气氛，致辞要主题鲜明，切勿拖沓冗长；内容简洁明快，切勿重复啰唆。

二、例文评析

毕业二十周年同学聚会欢迎辞

尊敬的各位老师，亲爱的同学们：

我们期盼已久的毕业二十周年同学聚会，在各位老师的大力支持和同学们的积极响应下，经过大家的共同努力，今天终于实现了！首先，请允许我代表本次同学聚会筹备组对各位老师和同学们的到来，表示最衷心的感谢和最热烈的欢迎！

忘不了1997年的9月，青春年少的我们带着纯真、带着期盼、带着理想，相聚在垦利一中97级三班这个平凡的集体，开始了我们三年的同窗生活，共同度过了一生中最纯洁、最美好的时光。当时我们所做的一切，现在回想起来，无论是对还是错，都是那么的美好和亲切，这是一笔宝贵的财富，值得我们用一生的时间去珍惜！

中学生活是最难忘的，中学收获是最丰硕的，我们在各位老师的精心培育下，不仅收获了知识，更收获了真挚而纯洁的友谊。今天，我们很荣幸地请来了我们的各位老师。在此，请允许我代表97级三班全体同学真心地道一声：老师，谢谢你们！祝你们身体健康，工作顺利，万事如意！

我们也忘不了2000年的6月，我们完成了学业，带着各自的理想，带着深厚的友谊，告别了熟悉的校园，也告别了亲切的你和他！转眼之间，我们已经走过了二十个春秋，在这分别的二十年里，我们每个人都曾经彷徨过，拼搏过，最终在社会的洪流中找到了属于自己的位置，并在各自的岗位上燃烧着青春和激情。

今天，我们带着深深的思念，带着美好的回忆，带着二十年以来的酸甜苦辣，从碌碌奔忙之中，相聚在这里。让我们暂时卸下繁忙的事务，抛开繁多的应酬，找回渐行渐远的青春，来听听久违的声音，看看久别的面孔，叙叙旧情，诉诉衷肠，重温天真烂漫的同窗时光，畅谈人生的艰辛和美好！

亲爱的同学们，让我们打开珍藏了二十年的记忆，敞开尘封了二十年的心扉，尽情地诉说这二十年的离情！愿我们的倾心畅谈使青春时光倒流二十年，使我们的心也能再年轻二十岁！相信我们的聚会不仅能促进沟通，增进友谊，也能整合我们的同学资源，互勉共进，使我们的友谊之花常开，越开越灿烂，越开越美丽！

最后，再一次衷心地祝愿各位老师和同学们：身体永远健康、家庭永远幸福、生活永远美满、事业永远兴旺！让我们共同期待着下一次的相聚！

谢谢大家！

| 评　析 |

这是一篇同学聚会欢迎辞。

（1）标题采用两要素式，由活动名加文种名构成。

（2）欢迎对象为群体，称谓使用了统称，前冠敬辞“尊敬的”“亲爱的”，后缀“老师”“同学”，顺序老师在前。

（3）正文开头点明活动主题，致辞人代表筹备组对老师和同学们的到来表示感谢和热烈的欢迎；主体部分回忆美好的中学生活，对老师的精心培养表示诚挚的谢意，对纯真的同学友情进行了讴歌与赞美，并表达了对此次同学聚会的期盼与祝愿；结语部分再次向老师和同学表达谢意，并送上美好的祝福。

（4）署名省略。

三、写作模版

提示	模板
标题 （1）单一性标题 （2）两要素式，活动名（事由）加文种名 （3）三要素式，致辞人、致辞场合加文种名	欢迎辞 ×××××××××欢迎辞 ×××在××××××上的欢迎辞
称谓 （1）欢迎对象为个人的 （2）欢迎对象为群体的	尊敬的×××先生/女士（职务） 尊敬的女士们、先生们 尊敬的××经理、××公司的各位领导
正文 开头 主体 结语	今天我们在这里隆重举行××××仪式，我谨代表××××向××先生的到来表示最衷心的感谢和最热烈的欢迎。 ××项目是我公司全新定义的，为××量身打造的信息技术服务体系××××××。××先生在×××××领域取得了极高的成就，多年来，他×××××。××先生的到来，必将对×××××。 最后，请允许我再一次向××先生的到来表示最热烈的欢迎，并致以最崇高的敬意。并祝××先生在××工作期间身心愉快，万事如意！ 谢谢大家！

欢送辞

一、知识点击

（一）欢送辞的概念和特点

1.欢送辞的概念

欢送辞是在送别客人的仪式或宴会上，对宾客的离去表示热情欢送的讲话文稿。真挚感人的欢送辞能够传达出主人对宾客的依依惜别之情及美好祝愿，使客人进一步感受到主办方的热心周到，让宾客带着主人的深情与友情踏上归程。

2.欢送辞的特点

欢送辞除了具有欢迎辞的礼仪公关色彩和口语化特点之外，也独有其风格。惜别性是欢送辞最重要的特点。

欢送辞不像欢迎辞那样热情洋溢，更注重表达主人送别宾朋时的感受，所以依依惜别之情溢于言表。情感恳切婉转，言辞朴实庄重。

（二）欢送辞的结构和写法

欢送辞在格式上的要求与欢迎辞基本相同。

1. 标题。欢送辞的标题在写法上可以参照欢迎辞，只是将文种名改为“欢送辞”，标题只是行文需要，不用读出。

2.称谓。与欢迎辞的要求一致。

3.正文。欢迎辞的正文一般包括开头、主体、结语三部分。

开头：或对宾客的成功访问表示祝贺，或对客人工作期间辛勤的付出表示感谢等。

主体：对欢送对象的工作表示肯定，对友人的离开表示依依惜别之情，表达照顾不周的歉意，描述双方合作的美好前景，祝愿友谊地久天长。

结语：再次表示诚挚的谢意与良好的祝愿。

二、例文评析

老兵退伍欢送辞

尊敬的各位领导、朋友们，亲爱的战友们：

今天，我们在这里举行2013年退伍老兵座谈会。首先，我谨代表大队官兵向专程前来的各位领导和朋友，表示热烈的欢迎和衷心的感谢！

天柱县公安消防大队位于县城凤城镇白水路27号，离县城中心1000米。主要担负着辖区16个乡镇315个行政村和11个居委会，2201平方公里的灭火救援任务。

2013年以来，天柱县公安消防大队在县委、县政府和县公安局党委的正确领导下，在上级消防业务部门的指导下，锐意进取，扎实工作，各项工作进展顺利，成效显著，实现了火灾持续稳定和社会消防稳步发展的目标。截至目前，天柱县公安消防大队共接警39起，出动41次（含增援），出动消防车51辆次，消防官兵298人次，抢救被困人员26人，疏散人员21人，抢救财产价值人民币180.8万元。

今年，根据部队发展需要，我大队义务兵刘杰同志光荣退伍。两年来，他远离家乡，远离亲人，带着父母的殷切期望，怀着投身火热警营、献身祖国消防事业的赤子之情，光荣地成为一名消防卫士。在训练场上，有他辛勤的汗水；在灭火救援战场上，有他拼搏的身影；在部队建设中，有他倾注的心血。天柱消防部队发展的光荣历程中留下了他的足迹，大队史册上留下了他的名字，国防建设中留下了他的风采。

今天，亲爱的战友即将告别警营，带着对党的忠诚、人民的热爱、军营的眷恋之情，带着政治合格、军事过硬、作风优良、纪律严明的“毕业证”光荣退伍了。在你即将踏上远去的征途，告别部队、告别战友、离开第二故乡之际，我代表天柱公安消防大队党委及全体官兵向你为消防事业和部队建设作出的卓越贡献表示真诚的感谢并致以崇高的敬意！

亲爱的战友，天柱是你战斗过的地方，是你的第二故乡，大队全体官兵会永远想念你、欢迎你。希望你返乡后，继续发扬部队的光荣传统，永葆消防卫士本色，把在部队培养出来的吃苦耐劳、顽强拼搏、敬岗爱业、遵守纪律的精神与品格带到地方。在改革的浪潮中，自强、自信、自珍、自爱、自重，用勤劳和智慧创造美好幸福的生活，实现自己的理想，展现美好的自我。在发展事业的同时，也希望你继续热心地关注贵州消防部队的发展。

最后，祝你一路顺风、安全返乡，愿你阖家欢乐、事业有成、万事如意！谢谢大家！

| 评　析 |

这是一篇向退伍老兵表达敬意和祝福的欢送辞。

（1）标题采用两要素式，由事由加文种名构成。

（2）听众为群体，称谓使用统称，顺序为客人在前，主人在后。

（3）正文。开头点明主题，因为还邀请了其他单位领导、同志参加座谈，所以先对客人的到来表示感谢和欢迎。主体部分先简要介绍了消防大队的基本情况和一年来取得的成绩，指明成绩的取得和全体官兵的拼搏与奉献是分不开的；然后切入主题，高度赞扬了退伍老兵对祖国的赤胆忠心和对消防事业作出的无私贡献；在向老兵表达崇高敬意的基础上，对即将离开部队的老兵表达惜别和怀念之情，并送上组织对他的嘱托和期望。结语部分表达对退伍老兵的美好祝愿。

（4）署名省略。

三、写作模版

提示	模板
标题 （1）单一性标题 （2）两要素式，活动名（事由）加文种名	欢送辞 ×××× 欢送辞
称谓 （1）欢迎对象为个人的 （2）欢迎对象为群体的	尊敬的 ××× 先生 / 女士（职务） 尊敬的女士们、先生们 尊敬的 ×× 书记、×× 学院的各位领导
正文 开头	首先，我代表 ×××，向莅临我院检查指导工作的各位领导、专家表示衷心的感谢，并对此次考察取得圆满成功表示热烈的祝贺！
主体	几天来，专家组 ×××××××××× 对我院的 ×××。今天，你们就要踏上归程，我们深感 ××××××××××，但我们的友好情谊将会地久天长。相信 ××××××××××。
结语	最后，祝大家一路顺风，万事如意！

四、写作实训

1.分析下面这则欢迎辞存在的问题，并提出修改意见。

地陪导游欢迎辞

来，大家把手机都放下，抬起头看着我。我是这个团的地陪导游。接下来几天就由我来陪伴大家。废话就不多说了，在这里我首先代表××旅行社向参加××游的各位朋友表示热烈的欢迎。

我还是先介绍一下我自己吧。我是××旅行社派来的一名导游，我姓陈，大家叫我陈导就行了。前面为我们开车的师傅，姓×。大家有没有发觉，我们从后面看×师傅，可以看到他是多么的英俊潇洒、人见人爱、车见车载。大家想看我们×师傅的庐山真面目吗？那我请×师傅起来跟大家打声招呼好吗？

今天我们的行程是×××××××××××××××。我的电话是138×××××××，大家把它记下来，有问题要及时向我汇报，在途中有什么不满意的也一定要向我提出，不要等到回去了再乱说！还有就是一定要听陈导的话，不然，我可以很负责地告诉你，陈导很生气，后果很严重！

最后，祝大家此次××游旅途愉快！谢谢大家！

2.如果你是“任务情境”中的戴悦，你会怎样写这份欢迎辞和欢送辞呢？

任务三　感谢信

任务目标

1.了解感谢信的概念和特点，掌握感谢信的结构和写作方法；

2.能够根据实际情况撰写感谢信，恰如其分地表达感激之情；

3.培养感恩和助人为乐的意识。

一、任务情境

在医院做陪护的李大妈结束了一天的陪护任务后，准备回家。一宿未眠的她刚走到电梯口，只觉眼前一黑，腿脚发软，身体摇摇晃晃，扑通一下倒在地上，失去了意识。旁边的群众纷纷上前，想要施以援手却束手无策。这时从人群中冲出一名年轻姑娘，她是该院心内科的一名护士，名叫李丽。刚到单位，还没有换上工作服的李丽，在查看李大妈的体样后，迅速采取胸外按压并配合人工呼吸的心脏复苏术，与随后赶到的医护人员通力合作，最终将李大妈从死神手中拉了回来。通过诊断发现，李大妈是冠状动脉痉挛导致心脏骤停，李丽的心脏复苏术为抢救李大妈争取了宝贵时间。事后，李大妈的家人为了表达对此次参与抢救的医护人员（特别是护士李丽）的感激之情，给医院写了一封感谢信，借以颂扬医护人员救死扶伤的仁爱之心。

二、知识点击

（一）感谢信的概念及特点

1.感谢信的概念

感谢信是以单位或个人的名义，对有关单位、组织或个人给予的关心、支持、帮助表示谢意的专用书信。

感谢信按照不同的标准可以划分为不同的类型：

从感谢对象来分，可分为写给单位的感谢信和写给个人的感谢信。

从存在形式来分，可分为寄送给单位或个人的感谢信（不外发）和公开报道的感谢信（通过壁报栏张贴、互联网登载、新闻媒体播报等形式实现）。

2.感谢信的特点

（1）感情色彩明显。对具体的人物、真实的事件，表达最真诚的谢意。

（2）具有致谢和表扬的双重作用。感谢信在表达真切谢意的同时，还可以借此对好人好事进行广泛的宣传，起到表扬先进、弘扬正气、传递正能量的作用。

（二）感谢信的结构和写法

感谢信一般由标题、称谓、正文、结尾和落款五部分组成。具体写法如下：

1.标题

感谢信的标题通常有三种形式：

（1）单一性标题。直接以文种名为标题。

（2）两要素式。以“致”领起感谢对象加文种名，如“致×××的感谢信”。

（3）三要素式。由发文单位加致谢对象加文种名构成，即“××××致×××的感谢信”。此种标题在以单位名义发送并公开发表的感谢信中使用居多。

写给个人的感谢信，标题也可以省略。

2.称谓

顶格书写被感谢单位、组织名称或被感谢人的姓名，后面加冒号。写给个人的感谢信，姓名用全称，姓名后面缀以“同志”“先生”“女士”或职务名等，也可视情况加前置敬语，如“尊敬的”等，以表示尊敬。感谢对象为群体的，可以使用统称。

3.正文

感谢信的正文一般包括感谢缘由、感慨抒发、谢意表达以及自身态度四部分内容。

正文开头首先要写明缘何事而写，包括时间、地点、相关人物，事情的经过和结果，以及产生的积极影响；然后在此基础上对对方的行为作出诚恳的、积极的评价，并发掘对方身上所体现出来的优秀品质；接下来着重抒发自己的感激之情；最后表明自己的决心和态度，向对方学习，让爱心传递。

4.结尾

另起一行，写上感激或祝福的话语。如“最后，请允许我再一次向您表达我最真挚的感激之情，并祝您××××××××××”，也可以用“此致敬礼”“顺颂安康”等祝颂辞结尾。

5.落款

在正文的右下方，署上发信单位名称或个人姓名，并在署名下方写上发信日期。以单位名义发送的感谢信，落款处须加盖公章。

（三）撰写感谢信应注意的问题

1.叙述对方提供的支持和帮助，要概括凝练。把时间、地点、人物、经过和结果等关键信息交代清楚即可，不必赘述。

2.对人物的评价要以事实为依据，切勿不着边际地大发议论。

3.信中要洋溢着赞誉、感激之情，情感表达要真挚、热烈，起到感染人、打动人、教育人的作用。

4.语言要得体，要考虑感谢对象的身份、年龄、性别等情况，使感激之情表达得恰到好处。

三、例文评析

例文

×××公园致社会各界的感谢信

各级领导、各兄弟单位：

10月2日晚，受第19号台风“龙王”影响，我市普降特大暴雨，并在北部山区引发特大山洪灾害，给我园造成巨大损失。园内多处发生地质灾害，道路交通多处中断，近十个旅游项目片瓦无存。其中龙潭景区被夷为平川，植物专类园区遭严重毁坏，名木古树被连根拔起，水电管网全线瘫痪。统计数据显示，园区受灾面积3000多亩，受灾人口100多人30多户，直接经济损失超亿元。

在这场突如其来的灾难面前，公园在省林业厅党组的正确领导下，积极抗洪抢险，努力生产自救，保障了灾后生产生活秩序的尽快稳定和恢复。

洪水无情人有情。在公园上下开展抗灾自救各项工作的同时，各级领导、各兄弟单位对我园送来了温暖和帮助：

省林业厅组织部分单位和人员为我园捐款，并到公园开展灾后清理工作；

省林科院在自身也受灾的情况下，提供招待所临时安置我园受灾群众；

国家林业局××专员办、省林业工会、福人木业公司等单位为我园送来了慰问金；

…………

所有这些，都体现了中华民族“一方有难，八方支援”的优良传统，体现了各级领导对我园的重视和关怀，体现了各兄弟单位对我园的支持和帮助。

在此，我园谨向你们表示衷心的感谢，并致以崇高的敬意！同时，我园将继续在厅党组的正确领导下，努力恢复生产，重建家园，力争早日把公园建设得更和谐、更美好，以此来回报社会各界对公园的关心和支持！

此致

敬礼！

×××公园（加盖公章）

2017年11月23日

| 评　析 |

这是一则以单位名义发送并公开发表的感谢信。

（1）标题采用三要素式，由发文单位加致谢对象加文种名构成，较为醒目。

（2）感谢对象为群体，称谓使用统称。

（3）正文交代感谢的背景和缘由，点面结合地列述相关领导和组织对公园灾后重建工作提供的支持和帮助，讴歌“一方有难，八方支援”的优良传统，表达对社会各界提供援助的感激之情。最后明确自己的态度。

（4）结尾使用“此致敬礼”表达敬意。

（5）落款注明发文单位和日期，并加盖公章。

四、写作模板

提示	模板
标题	感谢信
称谓	尊敬的 ××× 先生：
正文	×××× 年 ×× 月 ×× 日，我在 ××××××××××××××××，您看到后，××××××××××××××××。正是由于您的帮助，我得以 ××××××××。您的帮助，令我感激不尽，在您身上我看到了 ×××××××××××××，在以后的工作中，我将 ××××。
结尾	最后，请允许我再一次向您表达我最真挚的谢意，并祝您身体健康、万事如意！
落款	××× ×××× 年 ×× 月 ×× 日

五、综合训练

1.试分析感谢信与表扬信的异同。

2.分析下面这篇感谢信存在的问题，并提出修改意见。

感谢信

晓明同学：你好！4月17日上午，我乘26路公交车回家。到家后发现钱包不见了，里面有刚从银行取出的5000元现金，以及本人身份证和多张银行卡。多方寻找无果，我非常焦急和难过。17日下午，我接到市公交公司电话，说有一名学生乘坐公交车时在车座下面捡到钱包一个，交给了26路公交车司机。市公交公司通过身份证信息联系到我，经过核实，证明钱包确系本人所有。钱包失而复得，且里面的钱物完好无缺，我非常高兴，想要答谢你。经过询问才知道你是市实验中学初二三班的王晓明同学。18日上午，我去学校见到你后，我提出给你500元钱表示谢意，你却拒绝了。晓明同学，在你身上我看到了新时代中学生应有的精神风貌和拾金不昧的优良品质，值得所有的中学生向你学习。在此，我向你表达深深的敬意和感激之情。

最后祝你生活愉快，学习进步！

2016年4月9日

3.给自己的父母写一封感谢信，表达对父母养育之恩的感激之情。

项目四 会务安排

训练目标及要求

一、了解会议议程、开幕辞、闭幕辞、会议记录、简报的含义、特点和作用；
二、熟悉上述会务类应用文的结构和写法；
三、结合例文评析掌握上述会务类应用文的写作技巧；
四根据情境要求和写作模板，能独立或合作撰写上述会务类应用文；
五、在写作训练中，培养合作意识、全局意识、统筹能力。

任务一 会议议程

任务目标

1.学习掌握会议议程的含义、要点和作用；
2.学会根据会议内容和任务拟订会议议程。

一、任务情境

××股份有限公司定于2016年11月10日召开第二次临时股东大会。公司CEO金总向秘书小范交代了筹备和操办会议的任务。金总要求股东及代理人出席。会上，一是宣布本次会议议案的表决方法，二是审议会议各项议案，三是股东发言，四是推举计票人和监票人，五是股东投票表决。请替秘书小范制定这次会议的议程。

二、知识点击

会议议程是整个会议议题性活动顺序的总体安排，不包括会议期间的仪式性、辅助性的活动。会议日程是将各项会议活动（包括仪式性、辅助性活动）落实到单位时间，凡会期满一天（即两个单位时间）的会议都应当制订会议日程。会议程序则是一次单元性会议活动或单独的仪式性活动的详细顺序和步骤。

三、例文评析

胡范八一希望学校教职工代表大会流程

第一阶段：筹备阶段

做好这一阶段的工作是开好教代会的前提，因为大部分工作都要在筹备阶段完成，这一阶段要做的主要工作有：

1.征集提案。征集提案工作由学校工会或教代会提案小组具体负责，在开会前一个月左右开始进行。

2.确定大会议题，起草有关文件材料。大会的中心议题，必须围绕学校教育教学工作中心任务，针对学校改革、管理、分配制度和教职工最关心的热点问题来确定。会议文件（工作报告、有关讨论方案等）在会前10天印发给教职工代表。

第二阶段：召开正式会议

这一阶段是关键的环节，主要工作是：

1.由大会执行主席核实出席大会的老师；

2.宣布大会议程；

3.中心学校领导讲话；

4.由校长作工作报告；

5.由学校工会主席作有关议案专题报告，汇报上次教代会落实大会精神及提案处理等情况，并作提案征集情况报告；

6.分代表小组讨论（工作报告、领导讲话、议案、有关方案等）；

7.大会总结。

第三阶段：贯彻落实大会精神

1.运用各种宣传手段和形式，宣传大会精神；

2.工会和各专门小组根据各自的职责，检查督促有关决议、决定、提案的落实；

3.做好教代会资料归档工作。

| 评　析 |

这篇会议议程标题由会议名称加文种组成。正文内容分阶段进行，逻辑清晰、语言精练、方法可行，是一篇典范例文。

任务二　开幕辞　闭幕辞

任务目标

1.学习了解开幕辞、闭幕辞的含义、特点、种类和作用，掌握开幕辞、闭幕辞的结构和写法；

2.学会根据会议内容和任务撰写开幕辞和闭幕辞。

开幕辞

一、任务情境

新中国成立初期，有很多从农村参加革命的工农干部当选各级党政部门的领导。由于他们文化程度有限，让他们发言、讲话，简直就是赶鸭子上架。那时候，某单位准备召开一个大会，秘书在会前就将开幕辞与闭幕辞写好交给领导。在大会的开幕式上，这位领导走上主席台，掏出文稿就念了起来：“同志们，这次大会经过与会代表的努力，开得很成功，今天就要闭幕了……”在台下坐着的秘书发现领导将文稿掏错了，赶紧提示说："是念开幕辞，不是闭幕辞。"领导听了后不以为然地说："一样，反正这两篇稿子都是我念……"这位领导犯的错误引人发笑，也给我们警示：开幕辞和闭幕辞当然不能混为一谈。下面我们就一起来学习开幕辞的撰写。

二、知识点击

（一）开幕辞的含义、特点和种类

1.开幕辞的含义

开幕辞是在一些大型会议开始时由会议主持人或主要领导人所作的开宗明义的讲话，既有宣告性、提示性，又有指导性、激励性。

2.开幕辞的特点

（1）简明性。要简洁明了、短小精悍，最忌长篇累牍、言不及义。

（2）口语化。语言应通俗、明快、上口。

3.开幕辞的种类

按内容可以分为侧重性开幕辞和一般性开幕辞两种。侧重性开幕辞往往对会议召开的历史背景、重大意义或会议的中心议题等作重点阐述，其他问题略写。一般性开幕辞则只对会议的目的、议程、基本精神、来宾等作简要概述。

（二）开幕辞的结构和写法

开幕辞通常由标题、称谓、正文、结尾四部分组成。

1.标题

通常有两种写法：一是会议名称加文种；二是领导人姓名加会议名称加文种，如"××关于××会议的开幕辞"。

2.称谓

一般写在标题下一行左边顶格处，称呼通常用"同志们""朋友们""各位代表"等。

3.正文

一般包括开头和主体。开头写宣布开幕之类的话。主体部分一般包括以下内容：会议的筹备和出席会议人员情况，会议召开的背景和意义，会议的性质、目的及主要任务，会议的主要议程及要求，会议的奋斗目标及深远影响等。写作中一定要把握会议的性质，郑重阐述会议的特点、意义、要求和希望，对于会议本身的情况如议程等，要概括说明、点到为止。行文要明快、流畅，评议要坚定有力、充满热情、鼓舞人心。

4.结尾

单独成段，并用呼告语或祝颂语作结，如"祝大会圆满成功"等。

三、例文评析

北京大学第五届教职工代表大会
暨第十七次工会会员代表大会开幕辞

闵维方

20××年××月××日

各位代表、同志们：

20××年××月，在我校认真实施“985工程”一期、积极酝酿和稳步推进两校合并的重要时期，我校召开了第四届教职工代表大会暨第十六次工会会员代表大会，统一了思想，明确了目标，振奋了精神。今天，适值“985工程”二期正式启动，创建世界一流大学事业加速前进之际，我校又将召开两校合并以来的首次双代会，校本部和医学部的教职工代表、工会会员代表会聚一堂，共商学校大计，意义十分重大。在此，我谨代表学校党委对大会的召开表示热烈的祝贺！向各位代表并通过大家向全校教职员工和工会会员致以亲切的问候！

自上届双代会召开以来，北大教代会、工会紧紧围绕学校的根本任务和中心工作，在学校党委的正确领导和行政的大力支持下，努力履行各项职责，积极开展各项工作，在参与学校民主管理、促进教育教学工作、加强校园精神文明建设和教职工队伍建设、依法维护教职工合法权益等各个方面都取得了显著的成绩，有力地配合和支持了学校的改革、发展与稳定，在学校工作全局中发挥了应有的作用。广大工作在第一线的工会干部、工会积极分子和教代会代表，扎根基层，深入群众，不计得失，尽职尽责，充分发挥了双代会的桥梁和纽带作用，努力为广大教职工群众排忧解难办实事。在此，我代表北大党委和学校行政向大家表示衷心的感谢！

今年××月召开的党的××四中全会和××月召开的第十×次全国高校党建工作会议，突出强调了在新时期新形势下加强党的执政能力建设的重要性、必要性和紧迫性，这也是我们在创建世界一流大学的过程中必须认真面对并努力解决的重大课题。借此机会，我想顺便向同志们汇报一下我校行政届满换届工作的结果。最近，我们接到了上级单位的正式通知，国务院、中组部、教育部和北京市委根据我校的具体情况，决定××同志继续担任北京大学校长，××和××同志不再在行政班子中兼任副校长职务。同时上级考虑到我校的实际情况，本着立足当前、着眼未来的原则，又安排了几位较年轻的副书记、副校长担任常务副职，以便更好地形成干部的梯队层次结构，以利于学校的长远发展。具体的人事安排，学校已经向全校转发了教育部的文件。在完成行政换届的同时，开好这次双代会，进一步发挥好双代会民主决策、民主管理和民主监督的作用，对于我们巩固和强化“立党为公、执政为民”的意识，树立依法治校的观念和提高创建世界一流大学事业的水平，必将产生积极而重要的推动作用。同时，通过在这次会上选举产生新一届双代会的领导机构，也将有利于深化校本部与医学部的实质性融合，有利于加强两代会的自身建设，有利于整合力量，调动全校师生的积极性和创造性，推进学校的全面工作。因此，希望各位代表充分发扬主人翁精神，增强荣誉感、使命感和责任感，热情投入地参与双代会的各项议程，畅所欲言，群策群力，努力为学校深化改革、加快发展和持续稳定开创一个更加团结和谐、奋发有为的良好局面。

最后，预祝大会圆满成功！谢谢大家！

（摘自北京大学网站）

| 评　析 |

这是一篇侧重性开幕辞。标题是会议名称加文种式标题。正文对会议召开的背景、意义和影响进行了阐述，特别是发言内容紧扣时代背景，现实教育意义强。结尾简明，是一篇优秀的例文。

四、写作模板

提示	模板
标题 ↓	×× 学校 ×××××× 技能大赛开幕辞
称谓 ↓	老师们、同学们、朋友们：
宣布开幕，表示欢迎 ↓	在 ××× 之际，××××× 开幕了，我谨代表 ××× 学校向远道而来的 ×××× 表示热烈的欢迎和诚挚的问候！
筹备情况、规模、出席人员 ↓ 宗旨、任务、意义 ↓ 扩展介绍有关信息 ↓	××××××，××××××。 ……
希望、要求、期望性评价 ↓ 结尾	最后，预祝 ××××× 圆满成功！ 谢谢大家！

五、写作实训

1.××集团公司拟于20××年12月在深圳总部召开表彰先进总结大会，开幕式初步定于12月23日举行，请你为××副总裁拟写一篇开幕辞。

2.××职业学院拟于20××年4月举办第四届“民俗文化艺术节”，开幕式初步定于4月23日举行，请你为院长拟写一篇开幕辞。

3.指出下面的开幕辞在形式和内容方面的错误。

××股份有限公司股东大会开幕辞

总经理××

各位先生，各位女士，各位朋友：

欢迎前来参加这个盛大的聚会。今年是20世纪最后一年，也是本公司快速成长的一年，在此，请允许我代表董事会向为此付出了辛勤劳动的全体员工表示感谢！正是由于全体员工的不懈努力，本公司在过去五年中克服了亚洲金融危机等因素带来的困境，业绩增长了4倍，股票价格上涨了50%。

在过去的几年中，本公司为迎接中国加入WTO做出了不懈努力，在技术积累和人力资源储备开发方面取得了长足进步，为公司的下一步发展奠定了坚实基础。我相信，在全体员工的不懈努力和各位股东的鼎力支持下，本公司在不远的将来一定能实现跻身世界500强的目标。各位股东也将获得丰厚的回报。

但是还应看到，机遇与风险并存。IT产业属于高成长、高风险的行业，技术创新投入巨大，市场环境瞬息万变，本公司的发展也将面临众多的困难和挑战。董事会有信心领导企业迎接挑战，开拓前进，取得新业绩。

各位先生、各位女士，最近传闻本公司出现了财务问题，这是毫无根据的。谣言是不攻自破的，我们这次股东大会的召开，就是要向各位股东澄清这一点。现在，我宣布××股份有限公司股东大会开幕！

闭幕辞

一、知识点击

（一）闭幕辞的概念、分类和特点

1.闭幕辞的概念

闭幕辞是一些大型会议结束时，由有关领导或德高望重者针对会议所作的讲话，具有总结性、评估性和号召性。

凡重要会议或重要活动，与开幕辞相对应，一般都有闭幕辞，标志着整个会议或活动的结束。

闭幕辞通常要对会议或活动作出正确的评估和总结，充分肯定所取得的成果，强调其主要精神和深远影响，引导有关人员宣传会议精神及有关的决议或倡议。

2.闭幕辞的分类

按照内容划分，可分为会议闭幕辞和活动闭幕辞。

3.闭幕辞的特点

（1）总结性。闭幕辞是在会议或活动的闭幕式上使用的，要对会议或活动的内容、精神和进程进行简要的总结并作出恰当评价，肯定其重要成果，强调其主要意义和深远影响。

（2）概括性。应对进展情况、取得的成果、精神及意义等进行高度的概括。篇幅一般短小精悍，语言简洁明快。

（3）号召性。重在激励参加会议或活动的全体成员为实现提出的各项任务而奋斗，增强与会人员贯彻会议或活动精神的决心和信心。行文应充满激情，语言坚定有力，富有号召性。

（4）口语化。要适合口头表达，语言通俗易懂、生动活泼。

（二）闭幕辞的结构和写法

闭幕辞一般由标题、称谓、正文和结尾四部分组成。标题与称谓可参照开幕辞。

1.正文

首先说明会议或活动已经完成预定任务，然后概述相关进行情况，恰当评价其意义及影响。

核心部分要写明会议或活动的主要事项和基本精神，重要性和深远意义，向与会人员提出贯彻会议或活动精神的基本要求等。

一般来说，这几方面的内容都不能少，而且顺序基本不变。写作时要根据情况，有针对性地对会议或活动内容予以阐述和肯定。

2.结尾

结尾一般先以坚定的语气发出号召、提出希望、表示祝愿等，最后郑重宣布会议或活动闭幕。

闭幕辞出现在会议或活动结束时，因此，要与开幕辞前后呼应，首尾衔接。

二、例文评析

竞赛闭幕辞

尊敬的各位来宾：

××省第一届××××技能竞赛在紧张、友好的氛围中胜利闭幕了！在此，我谨代表××××、××××向各参赛院校表示深深的敬意，感谢你们对竞赛工作的支持！

本次竞赛，共有10所院校参加，共评出一等奖1名、二等奖3名、三等奖6名以及优秀指导老师奖、优秀组织奖、特别贡献奖。在此，我代表竞赛组委会向积极参赛并取得优异成绩的院校表示诚挚的祝贺！本次竞赛也得到了××××科技有限公司的大力支持，在此表示衷心的感谢。这次竞赛能顺利、圆满地举行，是广大选手服从指挥、团结向上、勇于拼搏的结果，是各位领队及指导老师讲风格、讲友谊、主动协作的结果，是各裁判员严守规程、公正裁决、以身作则的结果，更是大会全体工作人员团结协作、不计得失、无私奉献的结果。再次对大家表示诚挚的感谢！

本次竞赛是成功的。通过竞赛，各院校充分展现了学生的素质与能力，促进了我省各××××院校之间的相互沟通与交流，为进一步推动××××实践教学改革，创新实践教学体系，促进××××教育与××××技能密切结合提供了良好契机。最后，让我们共同祝愿××省××××技能竞赛越办越好。

现在我宣布，××省××××技能竞赛胜利闭幕！

| 评　析 |

本文是一篇竞赛闭幕辞。标题采用会议名称加文种的形式。开头说明竞赛圆满成功和获奖结果，中间对相关人员表示感谢，最后阐明比赛的深远影响并表达美好祝愿。

四、写作模板

提示	模板
标题 ↓	×××× 集团公司 ×× 大会闭幕辞
称谓 回顾会议议程及有关情况 ↓	各位代表、各位同志： ×××× 大会，经过大家的共同努力，已经完成了预定的议程。这次会议坚持 ××××，发扬 ××××，体现了 ×××× 的精神。
总结大会成果 ↓	这次会议，大家听取了 ×××× 的工作报告，对会议的报告和有关文件进行了认真热烈的讨论，审议通过了 ××××××。大家认为，××××，××××。
会议基本精神 ↓	这次会议，我们还选举产生了 ××××××，提高了对 ××× 的认识，形成了 ×××× 决议，会议取得了可喜成果，达到了 ×××× 的目的。
会议影响 ↓	这次会议形成的 ×××××××× 精神，将在本集团公司的发展史上产生 ×××× 的影响。
形势和任务 ↓	各位代表，各位同志，今年是本集团公司 ××××××，×× 和 ×× 是摆在本集团公司全体员工面前的光荣而艰巨的两大任务。
希望、号召和要求 ↓	本集团公司希望 ××××××，要求 ××××××，祝愿 ××××××。
结尾	现在我宣布，×××××× 大会胜利闭幕！

五、写作实训

1. 下面这篇闭幕辞有些问题，请修改后模拟现场宣读闭幕辞。

××职业学院第三届科技文化艺术节闭幕辞

全体同学：

为了加强校园精神文明建设，提高学生文明素质，培养学生创新能力，促进节约型校园的创建，结合我院正在开展的“大学生文明形象工程”活动，学院于20××年4月举办了第三届科技文化艺术节。艺术节取得了圆满的成功。

一、艺术节开幕式暨歌咏比赛

4月19日，艺术节开幕式暨“立志成才报国”歌咏比赛在体育馆拉开了帷幕，来自学院的2000余名师生聚集一堂。学院院长××、党委书记××及各系领导出席了开幕式，来自学院6个系部的代表队参加了比赛。

二、珠算技能比赛和商务礼仪风采展示大赛

4月20日14：30，经济管理系举办了珠算技能比赛。参赛选手们认真投入比赛，表现出较高的专业技术水平和熟练的技能。为了响应学院“树文明形象”的号召，提高学生的整体素质，经济管理系还举办了“商务礼仪风采展示大赛”。通过走姿、坐姿、自我风采展示及社交礼仪知识考察等几个环节的评比，评选出了“最佳礼仪小姐”和“最佳礼仪先生”。

三、机械工程系钳工技术比赛

为了提高学生的创新能力和创新意识，展示我院学生健康向上的精神风貌和优良全面的素质技能，机械工程系于4月24日举办了“第三届科技文化艺术节钳工技术”比赛。机械系机电专业共36名学生参加了比赛。比赛试题为凹凸件的加工。参赛选手经过测量、画线、锯割、锉削等步骤，在4个小时的时间里，制作加工出一件件集工艺性与精确性于一体的工件作品。

四、计算机系网站设计大赛

4月26日，计算机系举办了“知荣辱、树形象”网站设计大赛决赛。为了举办好本次比赛，计算机系各班成立了专业技能创新设计小组，设计小组成员们经过一周的精心设计、制作，将各班的特色网站展示给了大家。各班设计的网站融教育性、创新性与班级特色展示于一体，构思新颖、形式独特，是艺术节“文明、创新”主题的集中体现。最后经评审委员会评选，××××级计算机2班以优异成绩获得一等奖。

五、“青春飞扬”书法、绘画比赛

电气工程系承办的以“青春飞扬”为主题的书法、绘画大赛于4月25日在学院图书馆举行。此次书法、绘画比赛结合了学院开展的“大学生文明形象工程”活动，对提高大学生文明素养、传承书法绘画艺术具有重要意义。本次比赛共征集书法类参赛作品273份，绘画类作品50幅。专业教师对参赛作品进行了严格的评选，获奖作品在图书馆进行展出，吸引了众多同学前来观看。

同学们，本次艺术节对于提高大学生的综合素质具有重要意义，也是职业教育培养人才的一个重要途径，最后衷心祝贺艺术节圆满成功！

谢谢大家！

2.××职业学校举办的第二届英语口语大赛于20××年11月23日落下帷幕，请你为某位领导拟写一篇闭幕辞并模拟现场致辞。

任务三　会议记录

任务目标

1.学习会议记录的相关知识，掌握会议记录的要点和基本要求；

2.让学生“学中练，练中学”，通过实践学习掌握会议记录的写法；

3.切实提高学生的口语表达、书写、分析应用、合作交流等综合能力。

一、任务情景

学生会成员在组织开展各项活动前，需要开会讨论活动的主题、内容和程序，并由专人做会议记录。2017年4月6日，王平组织召开了一次五四青年节文艺晚会筹备工作会议，准备和学生会干部商议晚会有关事宜。如果由你在场担任记录员，你会怎样做好这份会议记录呢？

二、知识点击

（一）会议记录的含义、特点和种类

1.会议记录的含义

会议记录，是在会议过程中由专门记录人员把会议情况和会议内容如实笔录而形成的书面材料。

会议记录一般用于比较重要的会议或正式的会议，它要求真实、全面地反映会议的本来面貌。

会议记录要忠实地记录会议的全貌，如会议精神、会议形成的决定和决议、会议对重大问题作出的安排等。如果在会议后期需要形成文件，要以会议记录为依据；如果不需形成文件，判断与会者在会后传达贯彻会议精神和决定是否准确，也要以会议记录为

依据进行检验。

会议进行过程中连续编发的会议简报，以及会议后期制作的会议纪要，都要以会议记录为重要素材。会议简报和会议纪要可以对会议记录进行一定的综合、提炼，可以说，会议记录是形成会议简报和会议纪要的基础。

会议记录可以作为会议情况和会议内容的原始凭证，还可以成为相关历史资料，通过大量会议记录可以了解有关历史进程和发展状况。

2.会议记录的特点

（1）客观原始。会议记录是对会议情况和内容的原始化记录，应尊重事实，翔实记录。记录者不能进行加工、修饰，不能增添、删减，更不能移花接木、张冠李戴。

（2）完整详尽。对会议的时间、地点、出席人员、主持人、议程等基本情况，对领导讲话、与会者的发言、讨论和争议、形成的决议和决定等内容，都要记录下来，一般没有太多的选择性。

（3）规范严肃。会议记录虽不公开发表，也不做内部交流，但作为机关事务文书，也有一定的规范要求。或使用单位统一印制的记录专用笺，或按一定的格式记录，都不能随意处理。

3.会议记录的种类

从反映会议情况和内容详略程度来分，主要有三种：

（1）详细记录。对会议的全过程、每个人发言的原话和语气神态等做详细记录。

（2）摘要记录。将发言人讲话的要点、主要议程和决议记录下来。

（3）重点记录。不对会议过程和个别发言逐一记录，只记重要的会议事项或会议决议。

（二）会议记录的结构和写法

1.标题

标题由会议名称和文种组成，即“××会议记录”。如果使用的是专用会议记录本，“记录”二字也可省略。

2.正文

正文包括会议组织概况和会议内容两大部分。

（1）会议组织概况一般由以下七个要素组成：

会议时间：要写明年、月、日，上午、下午或晚上。

开会地点：如“××会议室”“××礼堂”“××现场”等。

主持人的职务、姓名：如“院党委记××”“公司总经理××”。

出席人：根据会议的性质、规模和重要程度，出席人一项的详略会有所不同。有时可以只显示身份和人数，如“各系党总支书记和直属党支部书记31人”“各部门经理”“全体与会代表”等。如果出席人身份复杂，如既有上级领导，又有本单位各部门的主要领导，还有各种有关人员，最好将主要人员的职务、姓名一一列出，其他有关人员则分类列出。

列席人：包括列席人的身份、姓名，可参照出席人的记录方法。

缺席人：如有重要人物缺席，应做记录。

记录人：包括记录人的姓名和职务，如：××（××办公室秘书）。

（2）会议内容。这部分一般是随着会议的进展一步步完成，没有具体的固定模式，大体包含以下方面：会议的议题、宗旨、目的、会议议程、会议报告和讲话、会议讨论和发言、会议的表决情况、会议决定和决议、会议的遗留问题。这些是一般会议记录都有的项目。但在实际中，不同的会议，侧重点会有所不同，先后顺序也会有所不同。当然不同种类的会议记录在内容处理方面也会有所不同。

详细记录要求对特别重要的会议或者特别重要的发言做详细记录。详细记录要求尽可能记下每个人发言的原话，不管重要与否，最好还能记下发言时的语气、动作表情及与会者的反应。如果发言者是照稿子念的，可以把稿子收作附件，并记下稿子之外的插话、补充解释。

摘要记录一般只要求有重点地、扼要地记录与会者的讲话和发言以及决议，不必有闻必录。所谓重点、要点，是指发言人的基本观点和主要事实、结论。对一般性的例行会议，只要求概括地记录讨论内容和决议要点，不必记录详细过程。

重点记录可以只记自己认为重要的内容。

3.结尾

可将主持人宣布的散会时间做记录，也可以略去不记。最后，由主持人和记录人对记录进行认真校核后，分别签上姓名，以示对此负责。

三、例文评析

学生会例会记录

会议名称：20××—20××学年第一学期学院学生会第一次例会

会议地点：大学生活动中心一楼

会议时间：20××年9月12日21：00

与会人员：学院学生会全体成员

会议主持：学生会主席吴××

会议记录：张××

会议内容：新学期工作要求

会议议程：

一、吴××（主席）讲话

（一）分发了学生会成员通讯录，并通知大家学生会邮箱本学期开始向同学们公开，因此要求大家时常查看，注意同学们反映的有关问题，以此督促学生会工作。

（二）关于学生会自身建设。要求干部举办各项相关活动时都要准时到场。继续实行例会制度，不管是学生会干部开会还是给干事开会，要讲效率。同时要求各部对部内建设制订方案。

（三）各部长于下周一交本学期活动计划，要求尽量详细，要有具体的活动安排。

（四）强调各部门间既要有分工又要讲协作。如有活动，由某部主导，其他部分鼎力协助。

二、肖××（副主席）讲话

（一）各部成员分工明确，落实责任，恪尽职守。

（二）各成员对自己的发展应该有一个规划和设想，要发挥自己的主观能动性，努力工作，以得到大家的支持。

三、各部部长介绍新学期的工作设想（略）

四、部长代表赵××发言

22：00会议结束

主持人（签名）：吴××

记录人（签名）：张××

| 评　析 |

这篇会议记录属于摘要记录，记录了学生会正、副主席的发言内容，对各部部长和部长代表的发言一笔略过。这种会议记录一定要详略得当，不可喧宾夺主，以便日后查阅对照。

四、写作模板

提示	模板
标题	×× 会议记录 ×× 会议
正文 （1）会议组织概况 会议时间 会议地点 主持人职务、姓名 出席人 列席人 缺席人 记录人 （2）会议内容	 ××××年××月××日 ××礼堂、××会议室、××接待室 学校党委书记××、校长×× 各处室主要负责人22人、全体与会代表380人 总务处××5人、教务处××2人 资助办主任×× ××秘书 新生开学问题 发言： 招生办×主任：今年共招收新生×× 政务处×主任：新生分班位置×× 总务处×主任：桌凳配备××，还缺×套 教务处×主任：老师配备××，缺×科教师×人 决议： （一）无论如何要确保新生按时开学。 （二）如有困难，上报校委会协商解决。
结尾	散会（上午××时） 主持人（签名）：××× 记录人（签名）：×××

五、写作实训

1.根据任务情境，起草一篇会议记录。

2.请根据所学知识，修改补充下面的会议记录。

××职业学院第四次办公会议

时间：20××年9月25日上午8时

出席人：李××（院长）、李××（副院长）、刘××（总务处长）、张××（院长办公室主任）、谢××（院长办公室秘书）及各系各部门主要负责人

缺席人：朱××、王××

主持人：李××

记录人：谢××

一、报告

（一）刘××报告院取暖设施改造进展情况。

（二）主持人传达省人民政府《关于压缩行政经费的通知》。

二、各系及部门负责人汇报前期工作及“十一”以后的工作安排

三、院长办公室主任布置“十一”假期中层干部值班事宜

四、副院长强调假期学生安全工作

五、决议

（一）各系、各部门组织职工认真学习《关于压缩行政经费的通知》精神，提高认识，统一思想。

（二）利用本次机会，对全院教职工进行一次节俭教育。

11时30分散会

任务四　简报

任务目标

1.明确简报的含义和类型，认识简报的特点，掌握简报的写法和注意事项；

2.能辨析简报的不足，准确拟写格式规范的简报。

一、任务情景

下午放学后，东方老师叫住齐小鲁说：“咱们班这学期开展了多次语文综合实践活动，你编写一份活动简报，给校学生会送过去吧！”编写简报？齐小鲁犯难了，自己可从来没有写过。对了，表哥不是在政府部门做办公室秘书吗？去问问他吧！齐小鲁找到表哥，向他请教：“编简报就是编报纸吗？怎样才能写好简报呢？”表哥笑着说：“简报可不是一般的报纸。来，咱们一起探讨一下简报的写法吧！”

二、知识点击

（一）简报的含义

简报是传递某方面信息，具有汇报性、交流性和指导性，简短、灵活、快捷的内部小报，又称“动态”“简讯”“工作通讯”“内部参考”等。

（二）简报的特点

简报具有简、精、快、新、实、活和连续性等特点。

（三）简报的结构

简报一般由报头、正文、报尾三部分组成。

1.报头

一般包括：

（1）简报名称。简报名称一般用套红印刷的大号字体。

（2）期数。可写在名称下一行，加括号。如有特殊内容而又不必另出一期简报时，就在名称或期数下面注明“增刊”或“××专刊”的字样。

（3）编发单位。位于期数的左下方。

（4）印发日期。写在与编发单位平行的右侧。

有些简报根据需要，会在简报名称的左上方标明秘密等级，也有的写上“内部刊物，注意保存”等字样，下面用一道横线将报头与正文隔开。

2.正文

即简报所刊的一篇或几篇文章。简报的写法是多种多样的，形式也较灵活。大多数是消息，包括标题、导语、主体、结尾和穿插在叙述中的背景材料。除了消息，还有别的文体，不是每篇简报都有这几项内容。

（1）简报的标题类似新闻的标题，要揭示主题，简短醒目。

（2）导语通常用简明的一句话或一段话概括全文的主旨或主要内容，给读者一个总的印象。导语的写法有提问式、结论式、描写式、叙述式等，一般要交代清楚谁（某人或某单位）、在什么时间、做什么事情、结果怎样等内容。

（3）主体部分要选用足够的、典型的、有说服力的材料，把导语的内容具体化。

（4）结尾或指明事情发展趋势，或提出希望及今后的打算。如果主体部分已经把事情说清楚，那就不必再加结尾。

（5）背景是指对人物、事件起作用的环境条件和历史背景，其内容可以穿插在各个部分。

3.报尾

位于简报最后一页的下方，在两条平行线内注明简报发放的范围和印发份数。

三、例文评析

节水工作简报

（第81期）

全国节约用水办公室　　　　　　　　　　2006-08-09

山东节水增效

近年来，山东省委、省政府以科学发展观指导治水实践，把节水作为一项长期的战略任务，走出了一条“政府调控、市场调节、用水户参与、多策并举”的节水型社会建设新路子。

一是体制创新，强化政府部门对节水工作的管理。山东省按照水资源管理的要求，加快水资源管理体制改革，在全省县（市、区）实现了涉水事务统一管理，同时，明确了行政主管部门统一管理节水工作，将省节约用水办公室设在省水利厅，市及县（市、区）相应成立了节约用水办公室，全省基本形成了健全的节水管理体系。通过改革，加强了对水资源的宏观调控和统一规划、统一调度、统一配置、统一管理。

二是狠抓各项水资源基础工作。近年来，山东省陆续编制完成了《21世纪初期水资源可持续利用总体规划》《山东省水资源保护规划》，加强了以取水许可为重点的水资源权属管理，在取水许可审批程序上确立了“先客水、后主水，先地表、后地下，先中水、后淡水”的原则。三年来，山东组织建设的40个电力项目中，利用污水处理回用水和矿坑排水1.3亿立方米，海水淡化1.4亿立方米，在行业用水定额方面，2004年，山东省发布了《山东省电力、造纸、冶金、化工、纺织（丝绸）行业产品用水定额（试行）》《山东省农业灌溉用水定额（试行）》，初步建立起节约用水标准体系。

三是运用经济手段，建立自发节水机制。2002年，山东省政府颁布实施了《山东省水资源费征收使用管理办法》。该办法提高了水资源费征收标准，地表水资源费标准最低限制为0.20元，最高达到0.80元；地下水资源费最低限制为0.45元，最高达到1.80元；平均由0.20元提高到0.60元。水资源费征收使用管理办法颁布实施以来，每年全省工业节水近2亿立方米。

透过法制建设、技术创新、试点建设等方式，山东省全面提升了各行业的节水水平，用水效率得到显著提高。山东省水资源年利用总量由十年前的250亿立方米，下降到近两年的22亿立方米，以占全国1.1%的水资源完成了占全国10.6%的国内生产总值，实现了增产不增水。

发　各省市节约用水办公室

|评　析|

这是一份普通的工作简报。报头格式规范，要素齐全。正文部分用条目形式分别列出了节水的措施和手段等管理行为，节水措施有理有据，方法可行，效果明显。因编发单位是国家级，所以报尾中只出现了下发单位，没有出现上报单位。

四、写作模板

提示		模板	
报头			
简报名称		××简报	
期数		第×期 （总第×期）	
编发单位	印发日期	××办公室	20××年××月××日

（续表）

提示	模板
正文 　标题 　导语 　主体 　结尾 　背景	××节水增效 交代时间、地点、活动的名称。重要人员出席并讲话。如果是会议，要列举与会人员及所在的部门，要有确切的与会人数，交代会议的主持人。必要时，需交代会议的目的。 一般以“会议”开头，如“会议重温了……”“会议对……作了总结”。列举会议讲话人员，对其发言作简单概括。 写出出席会议的领导对会议主旨的进一步强调和对大家的要求，要分点说明，详略得当。 根据具体情况安排。
报尾	发：××相关处室、学生会　共印×份

五、写作实训

1.本学期你们学校举办了哪些活动？从你参加过的或者感兴趣的活动中总结一些典型经验，写一份简报。

2.试指出下面这篇简报在结构上和语言上存在的毛病。

陕西一些旅游点附近的村民向外国旅游者
强行兜售商品造成不良影响

4月20日上午，美国413旅游团外宾去陕西乾陵参观游览。客人一下车，一群手拿各种工艺品的村民就一窝蜂而上，大叫大喊着、争抢着要外宾买他们的东西，其中一些人手持唐代铜镜、铜钟及汉唐古钱等文物出售。外宾急于参观，打手势表示没有心思买东西。然而，这些村民仍围着不散。导游走过去，使眼色，说好话，一个个左劝右劝。这些村民就是不想走，有些走开了一会儿又回来了，继续大声兜售商品，并且大声辱骂导游，有些话还十分难听，无法写出。当这个老外旅游团要离开陕西乾陵时，一群小孩还围住一位70多岁的穿中国红衣服的老太太外宾，非要她买不可。这老太太外宾无路可走，只好一步步向路边退下去，结果被挤得跌进了大路边不到2米宽的小水沟，造成右脚关节骨裂。导游当即叫来救护车，将其送往医院。

最近，在陕西乾陵旅游点附近，围堵外宾，强迫向客人兜售旅游商品的现象时有发生。

项目五　党政公文

训练目标及要求

一、了解请示、批复、报告、通知、通报、函的适用范围、特点和作用；

二、熟悉上述六种公文的结构和写法；

三、通过例文评析，掌握上述六种公文的写作技巧；

四、在党政公文写作训练中，增强规范意识、大局意识、服务意识、服从意识。

任务一　请示、批复

任务目标

1. 了解请示、批复的适用范围和特点。
2. 掌握请示、批复的结构和写法。

请　示

一、任务情境

××旅游学校为陶冶学生情操，培养学生社会实践能力，同时加强集体主义和热爱大自然的教育，经校委会研究商议，计划利用周末时间，组织高一年级全体学生开展一次春游活动，并制订具体的春游活动方案。学校领导向上级主管部门写了一份关于组织高一学生春游的请示。

二、知识点击

（一）请示的适用范围、分类和特点

1.请示的适用范围和分类

《党政机关公文处理工作条例》规定：请示，适用于向上级机关请求指示、批准。

请示是下级机关向上级机关或业务主管部门请求指示、批准的公文，属于上行文。

请示有三个必备条件：必须是下级机关向上级机关行文，请示的问题必须是自己无权决定和处理的，必须是为了向上级请求批准的。因此，凡是下级机关无权决定或无力解决而需要上级机关给予明确指示、批准或帮助的事项，都应以请示行文。

根据行文的目的和内容的不同，请示可分为三类：

一是请求指示的请示。这类请示一般是政策性、指示性请示，需要上级机关对原有的政策规定作出明确解释，对变通处理的问题作出审查认定等。

二是请求批准的请示。这类请示一般是为了解决具体问题的事项性请示。根据有关规定和管理权限，有些公文需经上级机关批准后才能发布，有些问题和事项需要报请上级机关批准后才能办理。

三是请求转批的请示。这类请示一般是请示单位就某一涉及面广的事项提出处理意见和办法，需有关方面协同办理。

2.请示的特点

（1）请求性。本单位权限范围内无法决定的重大事项必须事先请示，如重要决定、事项安排、遇到的新问题等无权自行决定，需用请示行文，请示上级给予指示、决断、批准，待上级机关指示批准后才能办理。

（2）单一性。请示行文一般“一文一事”，每则请示只能要求上级批复一个事项，解决一个问题。

（3）定向性。请示是一种上行文，是向自己的上级主管部门请示，不要多头请示和越级请示。

（4）求复性。请示的直接目的就是得到批复，没有批复，下级机关就无法工作。因此，下级机关应及时就有关问题向上级机关请示，上级机关应及时批复。

（二）请示的结构和写法

请示在结构上一般包括标题、主送机关、正文、落款四个部分。

1.标题

请示的标题一般有两种写法：一种是公文规范标题法，即“发文机关＋事由＋文种”，如《××公路局关于投资修建公路客运站的请示》；另一种是省略标题法，即“事由＋文种”，如《关于扩建学生餐厅的请示》。

标题中的“请示”不能错用为“请示报告”“申请”等。

2.主送机关

请示的主送机关是指负责受理和答复该文件的机关（一般不得送交领导者个人），应标注其规范化全称或规范化简称。每件请示只能写一个主送机关，不能多头请示，也不能越级请示。

受双重领导的机关，可主送负责答复的机关，抄送另一机关。

3.正文

（1）请示缘由，即请示什么和为什么请示。原因要讲得客观、合理、具体、充分，这样上级机关才好及时决断，给予有针对性的批复。

（2）请示事项。主要说明请示的事项或处理某件事的具体措施，是请示最核心的部分。在这部分中，要将请求上级机关给予批示、批准或批转的具体问题和具体事项全盘托出、一一写明，请求上级机关作出答复。

（3）结尾用语。另起一段，写明请示语，语气要谦和。习惯用语一般有“当否，请批示”“妥否，请批复”“以上请示，请予审批”“以上请示如无不妥，请批转执行”等。

4.落款

请示的落款，一般包括署名和成文时间两个内容。

署名写发文机关的全称，并加盖印章。如标题已写明发文单位，可不再署名，只需加盖单位公章。

成文时间应该用阿拉伯数字将年、月、日标全称，如“2016年6月12日”。

请示公文一般要另加附注，注明联系部门及联系人姓名和电话，标注居左空两字加圆括号，编排在成文日期下一行。

三、例文评析

××商业学校
关于学生食堂部分厨房设备购置的请示

××教育局：

近几年，因我校招生规模不断扩大，在校用餐人数不断增加，学生食堂现有厨房设备已不能满足学生用餐需要。为严格执行《中华人民共和国食品安全法》，保证学生正常用餐，增加学生伙食营养，提高学生健康水平，并加强对学生食堂的规范化管理，校委会研究商议，购置部分厨房设备。具体购置设备如下：

××商业学校学生食堂设备购置表

设备名称	型号	数量	大约单价（元）	金额（元）	备注
绞肉机	大型	1	3000.00	3000.00	—
馒头机	大型（全自动）	2	2800.00	5600.00	—
切片机	中型	1	2000.00	2000.00	—
面条机(馄饨皮、饺子皮机）	大型（全自动）	2	2600.00	5200.00	—
不锈钢桶	30—60	80	60.00	4800.00	—
冰柜	大型	2	3000.00	6000.00	—
电脑	台式	2	3500.00	7000.00	资料、报表
打印复印一体机	台式	1	2600.00	2600.00	资料、报表
合计金额（元）	36200.00				

食堂设备购置费共需人民币叁万陆仟贰佰圆（36200.00）整。

以上请示，请予审批。

2016年××月××日

（联系人：×××，电话：××××××××××××）

|评　析|

这是一份请求批准的请示，就学生食堂设备购置这一具体事项请求上级主管部门批准。标题采用的是规范标题法。开头写请示缘由，包括请示什么和为什么请示，理由正当充分。主体部分用表格形式列出了请示的事项，内容清晰明确。结束语用“以上请示，请予审批”作结语。由于题目中出现了单位名称，所以落款省去署名，只出现日期（加盖印章）。附注注明了请示单位的联系人和电话。总之，这份请示体现了请求性、单一性、定向性、求复性四大特点，格式规范，实用性强，是一篇很好的范文。

四、写作模板

提示	模板
标题 （1）规范式标题 发文机关＋事由＋文种 （2）省略式标题 事由＋文种	 ×××关于××××的请示 关于××××的请示
正文 请示缘由 ↓ 请示事项 ↓ 结尾用语	 为了××××××，依据×××××，××××××。 ×××××××××××××××××，×××××××××××××××××，××××××××××××××××。 妥否，请批复。
落款（右下角） 署名 日期	 ×××× ××××年××月××日
附注	（联系人：×××，电话：×××××××××××）

五、写作实训

1.根据“任务情境”，草拟一份××旅游学校组织高一年级全体学生开展春游活动的请示。

2.指出下面的请示在内容和格式方面的错误，并提出修改意见。

> ××市信息工程学校
>
> 关于扩建一栋学生宿舍楼等问题的请示报告
>
> ××市人民政府、××市教育局：
>
> 我校今年扩大了招生规模，在校学生增加了1200人。现有学生宿舍无法满足这么多学生的住宿要求，现在有一半住宿学生是一个床位两个人睡，严重影响学

生的学习、生活和身心健康。为解决这一困难，我校决定再建一栋学生宿舍楼。另外，我校餐厅尚未达到省“两基”标准，望上级部门给予支持。

特此请示，请回复。

××市信息工程学校

2009年12月8日

批 复

一、任务情境

上级主管部门接到请示后，依据规章制度商议决定，同意××旅游学校关于这项活动的请示，并提出了一些执行要求，形成批复公文，回复××旅游学校。

二、知识点击

（一）批复的适用范围和特点

1. 批复的适用范围

《党政机关公文处理工作条例》规定：批复，适用于答复下级机关的请示事项。

批复是答复下级机关的请示事项时使用的文种，属于下行文。批复以下级机关的请示为存在条件，下级机关用请示向上级机关行文，上级机关用批复对请示的事项作出明确的答复，没有下级单位的请示，就没有上级机关的批复。

2.批复的特点

（1）政策性。不管是发出指示还是批准事项，都必须有政策依据，不能随意为之。对于发出请示的下级机关而言，批复一旦到达，就是行动的依据，不得违背。

（2）明确性。批复的态度和观点必须十分明确，不能含糊其辞、模棱两可。批复要给以明确的指示，或同意、批准，或者不同意、不批准。如果情况复杂，原则上同意后，对某些个别环节提出不同的意见和要求是允许的，但不可违背态度明确的原则。

（3）专向性。批复是一对一的下行文，是专门回复下级机关请示的，是“一文一答”，不针对别的文种。

（4）及时性。回复请示的批复要及时，免得贻误时机，争取及时解决问题。

（二）批复的结构和写法

批复在结构上一般包括标题、主送机关、正文、落款四部分。

1.标题

批复的标题一般有两种写法：一种是公文规范标题法，即“发文机关＋事由＋文种”，如《×××办公厅关于高等学校结业生学历问题的批复》；另一种是省略标题法，即“事由＋文种”，如《关于同意××学校扩建餐厅的批复》。

2.主送机关

批复的主送机关只有一个，即发出请示的下级机关。

3.正文

一般由批复依据、批复事项、结束语三个部分组成。

批复依据。一是告知情况，告知请示单位发来的请示件已收到，如“《关于建立电大分校的请示》(××〔2012〕×号)收悉”；二是依据有关的政策规定对这一请示作出答复。

批复事项。对请示的问题作出的批准决定，表明态度同意与否，以及补充的有关执行要求等内容。

结束语。一般用“此复”“特此批复”作为结语。

4.落款

在批复正文右下方，署成文日期并加盖公章，成文日期用阿拉伯数字。

三、例文评析

关于同意××商业学校学生食堂部分厨房设备购置的批复

××商业学校：

《××商业学校关于学生食堂部分厨房设备购置的请示》(××〔2016〕×号)收悉。为满足学生正常用餐需求，严格执行《中华人民共和国食品安全法》，加强对学生食堂的规范化管理，保证学生食品安全和伙食营养水平，需要购置部分厨房设备，经研究，同意你校申请购置的学生食堂设备，预计费用3.62万元，请严格按照有关规定程序参加政府采购。

此复。

××教育局

2016年××月××日

|评　析|

这是一份决定性批复，采用的是省略标题法。批复依据部分首先告知情况，即请示单位发来的请示件已收到，然后依据有关的政策规定对这一请示作出答复。批复事项部分对请示的问题作出批准决定，表明同意的态度，并补充了有关执行要求等内容。由于题目中未出现单位名称，所以在落款处署名。总之，这份批复公文答复明确，政策性强，格式规范，是一篇较好的范文。

四、写作模板

提示	模板
标题 （1）规范式标题 　发文机关＋事由＋文种 （2）省略式标题 　事由＋文种	×××关于××××××的批复 关于××××××的批复
正文 批复依据（告知情况及政策规定） ↓ 批复事项（表明态度及执行要求） ↓ 结束语（批复语）	《关于××××的请示》（××〔××××〕×号）收悉。依据××××××，对这一请示答复如下。 ×××××××××，×××××××××××××××××。 此复。
落款（右下角） 署名 日期	×××× ××××年××月××日

五、写作实训

1.根据“任务情境”，草拟一份上级主管部门同意××旅游学校春游活动的批复。

2.请指出下面的批复在内容和格式方面的错误，并提出修改意见。

关于批复××等3市调整义务教育阶段部分学科教材版本的通知

××、××、××市教育局：

《关于调整更换义务教育部分学科教材版本的请示》（×教〔2012〕×号）收悉。经研究，同意××市小学语文、小学数学教材由北京师范大学出版社“六三”学制版本调整为人民教育出版社“五四”学制版本。教材版本调整从起始年级开始。

请你们按照有关规定统筹做好教师培训和教学研究等工作，保证教材调整和教学工作的顺利进行。

此复。

××省教育厅

2012年7月12日

任务二　报告

任务目标

1.了解报告的适用范围、分类和特点；

2.掌握报告的结构和写作思路；

3.认识报告在工作中的重要性，能独立完成报告公文写作。

一、任务情境

××市教育局到县区和市直学校调研发现，中小学个别学生存在日常行为不符合规范要求，关心他人、关注社会的意识不强等问题。为进一步加强中小学生的文明素质教育，培养学生良好的道德品质和行为习惯，促进学生全面发展，××市教育局决定在全市进一步开展中小学生行为习惯养成教育活动，并制定了不同学段的行为养成教育目标和养成教育整体规划，形成文件，下发到各县区和市直中小学校领会执行。经过近一年时间的教育活动实践，学生的文明礼仪习惯、生活习惯、学习习惯、卫生习惯和健康习惯有了大的改观和提升。针对这一方面的工作，××市教育局向上级主管部门作了专题报告。

二、知识点击

（一）报告的适用范围、分类和特点

1.报告的适用范围和分类

《党政机关公文处理工作条例》规定：报告，适用于向上级机关汇报工作、反映情况、回复上级的询问。按照上级部署或工作计划，每完成一项任务，一般都要向上级机关写报告，反映工作中的基本情况，工作中取得的经验教训、存在的问题，以及今后工作的设想等，以取得上级领导部门的指导。

报告主要分四类：

（1）工作报告。在向上级汇报工作进展情况时使用，又可分为综合性工作报告和专题性工作报告。

（2）情况报告。在向上级机关汇报本单位工作中发生或发现某些情况问题时使用。

（3）建议报告。在向上级汇报切实可行的设想时使用。

（4）答复报告。在回复上级机关询问或有针对性地汇报某一有关情况时使用。

作为党政机关公文的报告，与一些专业部门从事业务工作时所使用的报告（如审计报告、评估报告、立案报告、调查报告等）不是相同的概念，注意不要混淆。

2.报告的特点

（1）汇报性。报告是用来向上级机关或业务主管部门汇报工作、反映情况的，主要目的是让上级机关及时了解掌握下级机关的基本情况，并对工作进行指导。所以，下级机关必须本着实事求是、对上级机关高度负责的态度如实反映相关情况。

（2）陈述性。报告主要是摆事实，向上级讲述做了什么工作、采用的方法措施、取得的经验、存在的问题、今后的打算等，写作上主要采用叙述、说明的方法，所表达的内容和使用的语言大都是陈述性的。

（3）单向性。报告是下级机关向上级机关行文，是为上级机关进行宏观指导提供依据，一般不需要受文机关的批复，属于单方向上行文。在这方面，报告和请示有明显的不同。

（4）事后性。多数报告都是在工作开展了一段时间之后，或是在某种情况发生之后向上级机关作出汇报，是事后或事中行文。

（二）报告的结构和写法

报告一般由标题、主送机关、正文和落款四个部分组成。

1.标题

报告的标题，有两种形式：一是“发文机关＋内容＋文种”，如《××市教育局关

于××中学办学模式的建议报告》；二是“内容+文种”，如《关于中小学校建设与布局调整的报告》。

2.主送机关

报告的主送机关，是发文单位的直属上级领导机关。

3.正文

报告的正文，结构与一般公文相同，但在写法上比较灵活。

（1）导语。阐述报告产生的背景、依据或目的，具有引导全文的作用。不同类型的报告，其导语的写法也有较大不同。常见的导语有：

①背景式导语，交代报告产生的现实背景；

②根据式导语，交代报告产生的依据；

③叙事式导语，简略叙述一个事件的概况，引出报告要反映的情况；

④目的性导语，明确阐述发文的目的。

（2）主体。阐述报告的内容。为了层次清晰，这部分可加二级标题或分条加序码。不同类型的报告，其主体内容的安排也不同，可供参考的几种主体内容有：

①工作报告的主体内容是工作过程、成绩或收获、经验与体会、存在的问题与今后的设想；

②情况报告的主体内容是有关情况发生发展的经过、初步处理的方法和结果、目前的状况及经验教训；

③建议报告的主体内容是深思熟虑的设想，整理的意见、方案，建议采纳；

④答复报告的主体内容是报告缘由（上级机关询问内容及理由）、答复（办理情况及结果）。

（3）结语。简明扼要，可重申意义，可展望未来，也可用模式化结语收结全文。常用的结语有“特此报告”“以上报告，请审阅”等。

4.落款

发文机关名称和成文日期，位于正文下方偏右，加盖公章后生效。

（三）报告与请示的异同

1.相同点

请示与报告都属于上行文，都具有反映情况、解决问题、提出建议的功用。

2.不同点

（1）目的和侧重点不同。请示是下级机关向上级机关请求，目的是请求上级机关批准某项工作或者解决某个问题；报告是向上级机关汇报工作、反映情况、提出意见或者建议，答复上级机关的询问，目的是让上级机关掌握情况，便于及时指导。

（2）行文时间不同。请示必须事前行文，报告是在事后或者事情发展过程中行文。

（3）要求不同。请示具有求复性，要求上级机关一定要批复；报告具有单项性，一般不需要受文机关的批复。

（4）内容要求不同。请示的内容要求一文一事；报告的内容可一文一事，也可一文数事。

（5）篇幅不同。请示一般都比较简短；报告的内容涉及面较为广泛，篇幅一般较长。

三、例文评析

××县教育局

关于××小学发现8名学生体温异常的情况报告

××县政府：

9月12日，××小学在常规检查中发现8名学生体温异常，学校立即启动防控预案，将8名学生送往县人民医院发热门诊。经县人民医院诊断，6名学生排除甲型H1N1流感可能，另两名学生（××、××）体温超过37.7摄氏度，于当日17：00转入市人民医院甲型H1N1隔离病房观察治疗。市人民医院已采集两名学生病毒样本，拟于13日上午送省疾控中心检验。

县教育局得知消息后，分管局长××带领有关人员迅速赶往现场，了解学生病情，协调安排诊治。

县教育局一直高度重视甲型H1N1流感防控工作。之前，已与县卫生部门建立了沟通协调机制，并督促各学校制定了防控预案措施。实行局班子成员包抓责任制，分6个小组不定期到全县各学校检查通风、消毒、晨检等情况。针对××小学出现的情况，县教育局紧急作出部署：一是加强信息沟通，发现情况，及时上报；二是责成××小学全校停课一天，由家长对学生进行隔离观察，待检验结果出来后作相应处理；三是要求学校加强家校合作，加强联合防控。

两名学生的病情进展，我们将及时报告。

2009年9月12日

|评　析|

这是一份情况报告，采用的是规范式标题。开篇选用叙事式导语，简略叙述8名学生体温异常及治疗情况。正文部分着重写处理的方法和措施，内容具体，叙述清晰。结

尾部分强调继续关注。由于题目中出现了单位名称，所以在落款处省去署名，只出现日期。总之，这份报告向上级汇报了真实的事件情况，写法灵活，体现了报告的汇报性、陈述性等特点。

四、写作模板

提示	模板
标题 （1）规范式标题 发文机关＋内容＋文种 （2）省略式标题 内容＋文种	×××关于××××的报告 关于××××的报告
正文 导语（报告产生的背景、情况、依据或目的） ↓ 主体（主要的工作与经过、方法与措施、结果与经验、今后的打算） ↓ 结语	××××××，××××××，××××。 一、×××××××× 1.×××××××× 2.×××××××× 二、×××××××× 1.×××××××× 2.×××××××× 特此报告。
落款（右下角） 署名 日期	×××× ××××年××月××日

五、写作实训

1.请回答下列事项应使用什么文种。

（1）××乡人民政府拟行文请求上级拨款修复水灾损毁的道路。（　　）

（2）××乡人民政府拟行文向上级汇报本乡水灾情况。（　　）

（3）××市教育局拟请求上级批准成立××职业中等专业学校。（　　）

（4）××市教育局拟行文向上级汇报××中学办学模式。（　　）

2.下面这篇报告是根据任务情境完成的，请在横线处把这篇报告补写完整。

××市教育局

关于＿＿＿＿＿＿的报告

市政府：

为＿＿＿＿＿，＿＿＿＿＿，＿＿＿＿＿，＿＿＿＿＿，＿＿＿＿＿，现将进一步加强中小学生行为习惯养成教育的情况报告如下：

一、全市中小学生行为习惯养成教育现状（略）

二、进一步加强中小学生行为习惯养成教育的整体规划和实施策略（略）

（一）养成教育的内容和不同学段的行为习惯养成教育目标（略）

1.养成教育的内容（略）

2.不同学段的行为习惯养成教育目标（略）

（二）加强教师职业道德建设（略）

（三）开展加强学生行为习惯养成教育系列活动（略）

（四）家校结合，让学生在活动中养成文明行为习惯，在社会生活中践行规范（略）

三、取得的成绩与经验总结（略）

四、存在的问题与下一步打算（略）

学生文明行为习惯的培养和提高不是一朝一夕的事情，而是一项长期而艰巨的任务。我们将持之以恒，常抓不懈，切实抓出成效，为促进学生全面发展，培养合格人才而努力。

＿＿＿＿＿。

2012年××月××日

3.根据下面提供的材料，请以××市商务局的名义向××省商务厅起草一份报告。

（1）事故时间、地点：2012年8月12日晚11时，××市××商业大楼发生重大火灾事故。

（2）事故后果：未造成人员伤亡，但大楼三层大部分商品被烧毁，造成直接经济损失540万元。

（3）施救情况：事故发生后，市消防支队出动10辆消防车，经过3个小时的扑救，大火才被扑灭。

（4）事故原因：一楼通廊垃圾车内未熄灭的香烟，是造成火灾的直接原因；当班保安人员及带班人员未及时发现火情，延误了灭火时机，导致火势蔓延，××商业大楼未落实安全制度等，是事故发生的间接原因。

（5）善后处理：市商务局副局长×××带领有关人员到现场调查处理，市人民政府召开了紧急防火电话会议，市委、市政府视情节轻重对有关人员作了相应处理。

任务三　通知

任务目标

1.了解通知的适用范围、分类及特点；

2.掌握通知的结构和写作思路；

3.认识通知在日常生活和工作中的重要性，能独立拟写规范的通知公文。

一、任务情境

××理工学校为弘扬中华优秀传统文化，营造浓郁的读书氛围，策划了一场“经典诗文朗诵比赛”活动。学校领导召集有关人员商议确定了活动时间、主题、内容和要求，制定了具体的活动方案。学生会主席李小明按照活动方案要求，草拟了一份开展“经典诗文朗诵比赛”活动的通知。

二、知识点击

（一）通知的适用范围、分类和特点

1.通知的适用范围和分类

《党政机关公文处理工作条例》规定：通知，适用于发布、传达要求下级机关执行和有关单位周知或者执行的事项，批转、转发公文。

通知根据内容的不同主要分为：

（1）发布性通知，用于发布法规制度；

（2）批转性通知，用于批转或转发文件；

（3）指示性通知，用于发布、布置工作；

（4）事项性通知，用于告知某一事项，如会议通知等；

（5）任免性通知，用于任免和聘用干部。

2.通知的特点

（1）广泛性。一是应用范围广泛，无限定性，通知适用于各级机关和企事业单位；二是功能多样，可批转下级的公文，可转发上级和不相隶属部门之间的公文，可发布本机关（单位）的办法、规定、计划等，可下发通知召开会议、举办活动，也可以用于任命人员、启用印章等；三是通知主要是下行文，也有平行文（如同级之间开展活动需要对方参加，也可发通知），也可联合行文，下发通知。

（2）规定性。通知大多数是为执行、完成某项规定或事项而发，要求收文机关（单位）给予执行、协助或办理。

（3）时效性。通知一般都有比较明确的时间限制，要严格按时间执行，不得延误。

（二）通知的结构和写法

通知的结构一般由标题、主送机关、正文和落款四个部分组成。

1.标题

通知的标题比较灵活：一是由“发文机关＋事由＋文种”构成，如《××学校关于国庆节放假的通知》；二是由“发文机关＋文种”构成，如《××学校通知》；三是由“事由＋文种”构成，如《严禁上班时间玩电脑游戏的通知》；四是只写“通知”二字（一般针对内容不太重要，又是周知的事情），如果事情重要或紧急，也可写“重要通知”或“紧急通知”，以引起注意。

2.主送机关

受文单位或个人名称。若通知事项简短、内容单一，书写时可略去称呼，直接写正文。

3.正文

正文一般由三个部分组成：

（1）开头，交代发文缘由。

（2）主体，交代通知事项。

（3）结尾，提出执行要求。

正文有时因内容而异。发布性通知和批转性通知的正文：主体（发布和转发的文件）＋批语，如“现将《××××××》发给你们，请认真执行”。事项性通知的正文：缘由＋事项＋结语（特此通知）。指示性通知的正文：事件的目的、意义以及具体要求和做法。

4.落款

分两行写在正文右下方，一行署名，一行写日期。

（三）通知写作的注意事项

1.标题要准确，简要概括行文内容，准确表达发文机关的行文意图。

2.内容要具体明确，信息要及时准确。通知事项既要符合国家的方针政策以及上级机关的文件精神，又要符合本地区、本机关（单位）的实际情况。

3.结构严谨，条理清晰。通知一般采用条款式行文，简明扼要，被通知者能一目了然，便于遵照执行。

4.语言要庄重、平实、概括，切忌重复拖沓，篇幅冗长。

三、例文评析

教育部关于加强中小学少先队活动的通知

教基二〔2012〕3号

各省、自治区、直辖市教育厅（教委），新疆生产建设兵团教育局：

为贯彻《国家中长期教育改革和发展规划纲要（2010—2020年）》，把社会主义核心价值体系融入中小学教育全过程，现就中小学少先队活动有关工作通知如下。

一、充分认识加强少先队活动的重要意义

少先队是中国共产党创立并领导的少年儿童群众组织，是少年儿童学习中国特色社会主义和共产主义的学校。长期以来，少先队通过开展一系列主题鲜明、生动活泼、丰富多彩、独具特色的教育实践活动，在引导学生树立远大理想、形成坚定信念、提升综合素质等方面发挥了不可替代的作用，成为中小学教育的重要组成部分。新的历史条件下，进一步加强少先队活动对于改进未成年人思想道德建设，全面实施素质教育具有十分重要的现实意义和深远的历史意义。各地要充分认识加强少先队活动的重要性，采取有力措施，切实予以加强。

二、准确把握少先队活动的总体要求

1.确保少先队活动的时间。少先队活动要作为国家规定的必修的活动课，小学1年级至初中2年级每周安排1课时。其中，小学1—2年级少先队活动课时可在地方课程与学校课程中安排，小学3年级至初中2年级少先队活动课时可在综合实践活动中安排。

2.科学设计少先队活动的内容和形式。要充分尊重少年儿童的主体地位，遵循少年儿童的年龄特点，认真把握少年儿童的情感、意识、信念形成的基本规律，将少先队活动与学校其他教育教学活动有机结合。要精选与少年儿童学习、生活经验密切相关的教育内容，采取少年儿童易于接受的方式，组织开展丰富多彩的实践性、体验性活动，努力增强少先队活动的吸引力和实效性。

三、切实加强少先队活动保障

1.加强组织领导。各地要充分认识到少先队活动在中小学教育中的重要作用，指导中小学校结合实际，对少先队活动的课时安排、活动管理、辅导员队伍建设等进行科学规划，确保少先队活动的有效开展。

2.加强少先队辅导员队伍建设。各地要切实做好少先队辅导员的选拔、聘任、培训等工作，不断提高辅导员队伍的整体素质。中小学校可根据需要，聘请关心少年儿童成长的社会各界人士做校外辅导员，参与组织学校少先队活动。

3.加强少先队活动基地建设。充分调动社会各方面的积极性，挖掘各种社会资源，有效整合、利用各级各类校外教育机构，包括校外活动场所、社会实践基地等教育资源，为少先队活动的开展提供必要的条件保障。

中华人民共和国教育部

2012年9月3日

|评　析|

这是一份指示性通知（部署专项工作）。标题属完全式，简洁概括，准确表达了发文意图是为加强中小学少先队活动。正文部分首先阐明了通知的依据，然后分三个层面阐述了通知的目的意义、工作目标、具体的方法措施以及落实这一活动的保障措施，体现了政策性、权威性和原则性，层次分明，目标明确，可操作性强。这是一篇规范的通知范文。

四、写作模板

提示	模板
标题 （1）规范式标题 发文机关＋事由＋文种 （2）非规范式标题 ①发文机关＋文种 ②事由＋文种 ③文种	 ××× 关于 ×××××× 的通知 ×××××× 通知 关于 ×××××× 的通知 通知
正文 开头：缘由（背景、根据、目的、意义） ↓ 主体：通知事项（具体事项或具体的工作、方法、措施等） ↓ 结尾：执行要求（切实可行）	 ×××××××××，×××××××××，×××××××××××。 一、×××××××××××××××× 1.××××××××× 2.××××××××× 二、××××××××××××××× 1.××××××××× 2.××××××××× ××××××××××××××××××，×××××××××××。
落款（右下角） 署名 日期	 ×××× ×××× 年 ×× 月 ×× 日
附件（可有可无）	

五、写作实训

1.仔细阅读任务情境，根据所学知识，参考下面的“经典诗文朗诵比赛活动方案”，拟写一份通知。

经典诗文朗诵比赛活动方案

一、活动目的

弘扬中华优秀传统文化，营造浓郁的读书氛围；提高学生朗读水平，提升学生语文素养；激发学生阅读兴趣，促使学生养成多读书、读好书的习惯。

二、活动主题和内容

活动主题：爱经典诗词，诵千古美文

活动内容：经典诗、词、赋、曲（自选）朗诵

三、参赛对象

全校每个班级推出2名选手参赛

四、比赛时间和地点

2016年9月30日下午1点

学校阶梯教室

五、比赛要求

（一）脱稿朗诵，限时3—5分钟。

（二）朗诵要求：语音清晰准确，情感丰富具有感染力，仪表得体大方。

（三）各班级在2016年9月22日前上报参赛选手名单及作品题目。

（四）比赛序号由参赛选手于2016年9月30日早7点半抽签决定。

六、奖项设置

每个年级设个人一等奖2名，二等奖4名，三等奖6名。

2.下面这份通知有哪些方面不妥？试加以修改。

××市××局关于召开
全市××专题研讨会的通知

为进一步加强科技引领产业发展、支撑产业结构调整和优化，构建适应新形势的××体系，××市××局决定于2016年9月12日至14日在××大酒店召开全市××专题研讨会。

本次会议将邀请全省各市60名××方面的专家、××工作者参加。会议的主要议题是××，将由多名专家作多场专题报告，并进行经验介绍和专题讨论。

希望有关人员按时与会。

××市××局

2016年9月1日

任务四　通报

任务目标

1. 了解通报的适用范围、分类及特点；
2. 掌握通报的结构和写作思路，能独立拟写规范的通报公文；
3. 能辨别通知与通报的不同，认识通报在日常生活和工作中的重要性。

一、任务情境

暑假开学第一天，××职教中心高二幼师（2）班学生王丽在学校篮球场捡到一个钱夹，内有一张银行卡、一张饭卡和260元现金。由于马上到上课时间，不便寻找失主，王丽便主动把钱夹交给学生科值班老师。学校对拥有这样的学生感到骄傲和欣慰，为此学生科要写一份表扬通报，对王丽同学进行全校通报表扬，并号召全校师生员工学习这种拾金不昧的精神。

二、知识点击

（一）通报的适用范围、分类和特点

1.通报的适用范围和分类

《党政机关公文处理工作条例》规定：通报，适用于表彰先进、批评错误、传达重要精神和告知重要情况。

通报属于下行文。按照通报内容的不同，可分为表彰通报、批评通报、情况通报等。

表彰通报，是用于表彰先进集体或个人，公布他们的事迹，分析他们的先进思想，宣布给予他们奖励，号召大家学习的通报。

批评通报，是用于批评犯错误的个人或集体，公布他们的错误事实，宣布给予的处理或处分，分析错误的性质，要求被通报者和大家吸取教训的通报。

情况通报，是用于将重要精神或重要情况传达给下级，沟通信息，指导当前工作的

通报。

2.通报的特点

（1）真实性。真实是通报的生命。通报的任何情况、事实都必须是真实客观的，不能有差错，更不能编造虚假情况。因此，写通报时对正反两方面的事实都要认真核实，做到准确无误。

（2）典型性。通报反映的内容是那些具体的正反典型事例，工作中出现的新情况或有一定影响的新问题，以典型来指导工作，惩戒错误，交流经验，传达意见，起到“拨亮一盏灯，照亮一大片”的作用。

（3）周知性。通报通常在一个单位或一个系统内发布，在一定范围内让所有人都知晓，起到鼓励、警示、指导作用，从而使人们受到教育，提高认识。

（4）及时性。通报的拟制、印发和传达都应该及时、快速、准确。只有将发现的典型性、错误性问题及时报道出来，让人们学习或引以为戒，才能发挥通报的教育、指导作用。

（二）通报的结构和写法

通报在结构上一般由标题、主送单位、正文和落款四个部分组成。

1.标题

通报的标题有四种写法：一是公文规范式标题，由“发文机关＋事由＋文种”组成，如《国务院办公厅关于对少数地方和单位违反国家规定集资问题的通报》；二是由“事由＋文种”构成，如《关于对舍己救人的×××表彰的通报》；三是由“发文机关＋文种”构成，如《中共××市纪律检查委员会通报》；四是只写“通报”二字。

2.主送单位

通报一般有主送单位，少数普及性通报可以不写主送单位。

3.正文

正文一般由四个部分组成。

第一部分是引言，主要是概括通报的缘由和内容，说明表彰通报或批评通报的原因。

第二部分是事实，即写清楚先进事迹或错误事实的基本情况。既要求用叙述的手法真实客观地反映事实，又要精练概括、突出重点。

第三部分是分析和决定，对先进事迹或错误事实的基本情况进行准确的分析总结，从具体到抽象，从感性认识到理性认识，作出精练的概括和中肯的评价，指出存在的问题，并且提出处理意见。

第四部分是号召和要求，根据通报的精神要求，针对现实的需要，发出号召或提出要求。

表彰通报重在奖励和宣传，要树典型、学先进、找差距，让人从中受到激励和鼓舞。批评通报重在惩戒和警示，要实事求是、揭示要害，并从中吸取教训、引以为戒等。情况通报重在传达与指导，要传达精神、发现问题、指明方向。

4.落款

一般在正文右下方写上署名和日期。如果标题中已经写明单位，落款处可省略单位名称。

（三）通报与通知的区别

1.内容不同

通知主要是发布行政法规和规章，转批和转发公文，告知需办理和周知的事项。通报主要是报道典型事实，或传达交流重要情况、信息。

2.目的要求不同

通知的目的是告知事项、布置工作，要求遵照执行。通报的目的不是贯彻执行，而是通过正反典型事例，来宣传先进的思想、惩戒反思错误的行为，目的是教育引导。

3.表达方式不同

通知的表达方式主要是叙述，明确告知人们做什么，怎样做。通报的表达方式兼用叙述、分析和议论，陈述事实、分析意义、作出评价，突出教育引导作用，有较强的感情色彩。

三、例文评析

山东省人民政府
关于2012年教育工作专项督导情况的通报

鲁政字〔2012〕180号

各市人民政府，各县（市、区）人民政府，省政府各部门、各直属机构，各大企业，各高等院校：

按照《山东省教育督导条例》规定，省教育厅、财政厅、审计厅和监察厅联合组织教育督导团，在省人大教科文卫委、省政协科教文卫体委指导和监督下，于2012年4月18日至27日，对全省17个设区市2011年度学前教育工作进行了专项督导，并对2011年综合督导整改情况进行了核查。通过座谈、走访、实地查看、查阅账表资料等方式，共抽查了17个市的33个县（市、区）的194所幼儿园和232所中小学，对各市自评结果进行了核验。现将专项督导情况通报如下：

一、基本情况

2011年，全省以普及学前三年教育为目标，不断加大学前教育投入，积极扩大学前教育资源，努力为适龄儿童提供公平的学前教育机会。全省财政性学前教育经费占财政性教育经费的比例为2.41%，比2010年提高1.48个百分点；全省共安排儿童资助资金1.25亿元，资助儿童19.5万名，资助比例达到10.89%；15个设区市市本级财政和抽查的88%的县（市、区）安排了幼儿园建设及改善办园条件专项经费；全省累计投入资金33.4亿元，新建、改扩建了一大批符合要求的幼儿园。抽查结果显示，2011年规划建设项目园完成率达84.1%；83.3%的乡（镇、街道）建有中心幼儿园，较好地发挥了中心幼儿园在区域学前教育发展中的示范作用；65.9%的幼儿园室外设施、室内设施、玩教具及卫生保健器材基本达标。大部分幼儿园均有新购置的教育教学设施和玩教具，办园条件得到改善。（以下略）

二、存在的主要问题

（一）学前教育发展不均衡，农村办园条件薄弱（略）

（二）学前教育经费投入政策未完全落实到位（略）

（三）幼儿教师队伍建设普遍薄弱（略）

（四）2011年综合督导发现的问题尚未完全整改到位（略）

三、整改措施和要求

（一）进一步改善农村办园条件，推动学前教育均衡发展（略）

（二）进一步贯彻落实国家和省有关学前教育投入政策（略）

（三）完善幼儿教师补充机制，进一步加大幼儿教师培养培训力度（略）

（四）继续加强综合督导整改工作，确保整改全面落实到位（略）

各市政府要进一步提高对督导整改工作的认识，采取有效措施，在全市范围内查漏补缺，确保整改到位，并于2012年11月30日前将整改情况书面报省政府教育督导室，由省政府教育督导室汇总后报省政府。对整改不到位的，省政府将加大督导力度，并追究有关责任人的责任。

本次督导的具体情况和对各市的整改要求，由省政府教育督导室公布。

山东省人民政府

二〇一二年八月二十三日

|评　析|

这是一份情况通报。引言部分说明了对2011年度学前教育工作进行专项督导的总体情况，概括总结了基本过程、范围和方法。事实部分用数字对基本情况作了真实客观的介绍和精练概括，充分肯定了取得的成绩。分析部分主要分析了这次督导发现的各市存在的问题，针对性、概括性强。要求部分从加快推进学前教育事业发展的全局出发，提出整改措施和要求，指出努力方向。总之，这份通报格式规范、内容全面、客观真实、针对性强，是一篇很好的范文。

四、写作模板

提示	模板
标题 （1）规范式标题 　发文机关＋事由＋文种 （2）非规范式标题 　①事由＋文种 　②发文机关＋文种 　③文种	 ××××关于××××××的通报 关于××××××的通报 ××××××通报 通报
正文 引言（概括通报的缘由和内容） ↓ 事实（叙述先进事迹或错误事实或基本情况） ↓ 评价、决定（分析问题——意见决定） ↓ 号召要求（针对精神要求和现实需要）	××××××××，××××××××，×××××××××××。 ×××××××××××××××××，×××××××××××××××××。 ×××××××××××××××××，×××××××××××××××××。 ×××××××××××××××××，×××××××××××××××××。
落款（右下角） 署名 日期	×××× ××××年××月××日
附件（可有可无）	

五、写作实训

1.下列事项哪些可以用通报行文？请在符合要求的事项后的括号内打“√”。

（1）××学校拟宣传长期资助困难学生的教师××的事迹。(　　)

（2）××厂拟向市工业局汇报本厂遭受火灾的情况。(　　)

（3）××市人民政府拟公布加强机关廉政建设的几条规定。(　　)

（4）××市教育局拟公布对部分学校违规办学行为的检查情况。(　　)

（5）××市城乡水务局将召开水利建设工作会议，需告知各县区水电部门事先做好准备。(　　)

（6）××县纪委拟批评×××等干部玩忽职守，造成国家经济损失的错误。(　　)

2.阅读任务情境，根据通报的特点和写作要求，草拟一份表彰王丽同学的通报。

3.指出下面这篇通报在格式和内容方面的不妥之处，并提出修改意见。

关于批评通报

学校广大师生：

我校××专业×班×××同学在2011—2012学年第一学期期末英语考试中，私自夹带与考试有关的资料进入考场，偷看抄袭。经监考老师劝说后，该同学仍不改正，继续偷看。后被取消考试资格。

经学校研究决定，给予该同学留校察看一年的处分。

特此报告。

××理工学校

2012年××月××日

任务五　函

任务目标

1.了解函的适用范围、分类及特点；

2.掌握函的结构和写法，能独立拟写规范的函；

3.认识函在日常生活和工作中的重要性，增强服务意识。

一、任务情境

新年即将来临，×××电商李经理想在×××大酒店举办年度客户答谢会。一是感谢客户一年来的大力支持；二是为客户提供相聚的机会，与客户同叙友谊，共话未来。于是，李经理让秘书小张草拟一份会议邀请函。

二、知识点击

（一）函的适用范围、分类和特点

1.函的适用范围和分类

《党政机关公文处理工作条例》规定：函，适用于不相隶属机关之间商洽工作、询问和答复问题、请求批准和答复审批事项。

函是一种平行文，适用范围非常广泛，其分类方法很多。从函所起的作用来看，可分为以下几种：

（1）告知函。它是平级或不相隶属单位之间相互通知事情时使用的函，即把某一事项、活动函告对方，或请对方参加。这种函的内容和作用与通知相似，但由于双方不是上下级和业务指导关系，不带有指示、指导的性质，适合用函告知。

（2）批请函。它是用于不相隶属机关之间请求批准事项的函，如省教育厅向省财政厅申请活动经费就适合使用该公文。但如果是下级机关向上级机关请求批准，只能用请示，不能用函。

（3）商洽函。它是用于不相隶属机关之间商洽工作、联系有关事宜的函，如干部商调、联系培训学习等。

（4）答询函。答询函包括询问函和答复函，是用于机关或部门之间相互询问和答复问题的函。

2.函的特点

（1）平等沟通性。函对于不相隶属行政机关、单位之间相互商洽工作、询问和答复问题，起着相互沟通的桥梁作用。这种沟通一般不具备指示性和指导性，无高低上下之分，充分显示了平行文种的功能。个别情况下的上下级来往函件虽具有一定的指示性，但与指示、通知相比，要弱得多。

（2）简便灵活性。一是行文关系灵活。函虽然是平行公文，但也可以向上行文或向下行文，没有严格的行文关系限制。二是格式灵活。三是篇幅简短灵活，文字简练，用语平和。

（3）内容单一性。函的主体内容单一，一份函只宜陈述一件事项。

（二）函的结构和写法

函的结构由标题、主送机关、正文、落款组成。

1.标题

标题一般有两种形式：一是规范式标题，由“发函机关＋事由＋文种”组成，如《×××研究所关于建立全面协作关系的函》；二是由“事由＋文种”组成，如《关于订购〈文学概论〉的函》。

2.主送机关

主送机关即收函单位或个人名称，于文首顶格写明全称或者规范化简称，其后用冒号。

3.正文

正文一般由四个部分组成。

第一部分是开头。开头主要说明发函的缘由，一般是概括交代发函的目的、根据、原因等内容，然后用“现将有关问题说明如下”等过渡语转入下文。复函的缘由部分，先告知情况，如“《关于××××的函》（×函〔××××〕×号）收悉”，然后再交代根据，以说明发文的缘由。

第二部分是主体。这是函的核心内容部分，主要说明致函事项。函的事项部分内容单一，一函一事，行文要直陈其事。发函要把商洽或询问的问题提出来，叙写清楚，希望研究解决。复函要对来函单位提出的问题予以答复，并注意答复事项的针对性和明确性。

第三部分是结尾。一般用礼貌性语言向对方提出希望，或请对方协助解决某一问题，或请对方及时复函，或请对方提出意见，或请主管部门批准等。

第四部分是结语。常用的结束语如“特此函询”“请即复函”“特此函告”“特此函复”等。有的函也可以不用结束语。

4.落款

落款写单位名称，发、复函时间，加盖公章。

三、例文分析

教育部关于同意建立滇西应用技术大学的函

教发函〔2017〕65号

云南省人民政府：

《云南省人民政府关于请求正式设立滇西应用技术大学的函》(云政函〔2017〕27号)收悉。

根据《高等教育法》《普通高等学校设置暂行条例》《普通本科学校设置暂行规定》有关规定和《教育部关于同意筹建滇西应用技术大学的函》(教发函〔2015〕61号)有关要求，经研究，同意建立滇西应用技术大学，学校标识码为4153014623。现将有关事项通知如下：

一、滇西应用技术大学系本科层次的普通高校，由你省领导和管理，其发展所需经费由你省统筹解决。

二、学校定位于应用型高等学校，主要培养区域经济社会发展所需要的应用型、技术技能型人才。

三、学校全日制在校生规模暂定为6000人。

四、学校本科专业的增设问题，按我部有关规定办理。同意首批设置本科专业6个，即傣医学、康复治疗学、中药学、茶学、宝石及材料工艺学、产品设计。

五、我部将适时对学校办学定位、教学质量和人才培养情况进行评估。

望你省加强对该校的指导和支持力度，结合优化区域高等教育结构布局的需要，引导学校按照办学定位，强化学校发展战略规划研究，全面加强内涵建设，创新人才培养模式，不断提高教育教学质量和办学效益，促进学校办出特色，办出水平，为云南省的经济发展和社会进步作出更大贡献。

教育部

2017年5月10日

|评　析|

这是一份答复函，采用的是规范式标题。缘由部分先告知来函收悉，然后再交代根据，以说明发函的缘由。主体部分紧紧围绕同意建立滇西应用技术大学这一事项来写，表述清晰准确。结尾部分向对方提出要求和希望，具有针对性和明确性。结语省略。总

之，这份函件语言简练平实，内容清楚明白，格式规范，符合一函一事的要求，是一篇很好的范文。

四、写作模板

提示	模板
标题 (1)规范式标题 发函机关＋事由＋文种 (2)非规范式标题 事由＋文种	 ××× 关于 ×××××× 的函 关于 ×××××× 的函
正文 开头（发函缘由） ↓ 主体（致函事项） ↓ 结尾（提出希望或请求） ↓ 结语	××××××××，××××××××××××，×××××××××××。 ××××××××××××××××××××××，××××××××××××××××。 ××××××××××××××××××××××，××××××××××××××××。 特此函询、请即复函、特此函告等
落款（右下角） 署名 日期	 ×××× ×××× 年 ×× 月 ×× 日
附件（可有可无）	

五、写作实训

1.请帮助任务情境里的小张草拟一份会议邀请函。

2.指出下面这份函在内容和格式方面的不当之处，并提出修改意见。

关于解决技术人员进修英语的函

××大学校长：

我厂在全体员工的拼搏下不断得到发展壮大。现引进一批国外先进技术和设备，需经常对外沟通交流，为提高技术人员对外交流能力，我厂想送7名技术员到你校旁听进修一年英语，请予支持，学费我厂付。

行不？请告知。

××市××厂

××××年××月××日

项目六　信息传播

训练目标及要求

一、了解消息、通讯、产品说明书、演讲稿、调查报告的含义、分类和特点；

二、熟悉消息、通讯、产品说明书、演讲稿、调查报告的结构和写法；

三、根据例文评析，掌握消息、产品说明书、演讲稿、调查报告的写作技巧；

四、根据情境要求，参考写作模板，独立完成消息、产品说明书、演讲稿的写作，小组合作，完成通讯、调查报告的写作；

五、在写作训练中，培养新闻敏感性和逻辑思维能力，增强合作意识。

任务一　消息

任务目标

1.了解消息的含义、分类和特点；

2.掌握消息的结构和写法；

3.了解消息的要素。

一、任务情境

2017年11月29日，王宇得知同班同学李明在省技能大赛中荣获一等奖，作为校报小记者，王宇第一时间联系上了李明，向他表示祝贺，并在核实相关信息后马上写了一则消息，发表在学校网站和校报上。

二、知识点击

（一）消息的含义、分类和特点

1.消息的含义

消息，是以简明扼要的文字，对社会生活中新近发生的、为公众所关心的、有意义的事实进行及时报道的一种文体。它是最广泛、最常用的一种新闻报道形式。

2.消息的分类

常见的分类是将消息按内容划分成四种：动态消息、综合消息、经验消息、述评消息。

（1）动态消息。及时、准确地报道国内外重大事件和现实生活中出现的新事物或为群众所关注的事件的消息。特点是内容活泼多样，时效性强，一般篇幅较短。

（2）综合消息。将发生在不同地方的有某种共性的信息组合起来，从不同侧面、不同角度对同一个主题进行综合性报道，从而使读者形成整体印象的报道形式。特点是报道面广，容量大，有声势。

（3）经验消息。以消息的形式，集中报道某地区或某部门、单位在某项工作中取得的成功经验，用于指导全局，带动一般。特点是具有较强的针对性和指导性。

（4）述评消息。也称新闻述评。在叙述新闻事实的同时，发出一些必要的议论，简明表达作者观点的消息类型。即不仅报道事实，而且对事实进行评价。记者述评、时事述评就是其中的两种。这种消息介于消息和新闻评论之间，选取的往往是重大题材。特点是有述有评，边述边评，述评结合。

另外，根据消息长短，消息可划分为简讯（100字以内）、短消息（100字左右）、长消息（500字以上）；根据表现方式，可划分为特写消息（也称目击式消息或情景消息）、图片新闻等。

3.消息的特点

（1）新。这里的“新”指的是内容新、时间新、角度新。即除了强调消息所反映的事实是新近发生的之外，还意在突出内容新鲜，形式活泼，能吸引人，有可读性。

（2）真。真实性是消息的生命。消息中涉及的人物、地点、时间、事件等细节必须真实可靠，引用的资料、数据、话语、史实等材料一定要有据可查。不能夸张，不能虚构。

（3）快。指对有新闻价值的事实要发现快、采访快、写作快、发表快。对新人、新事、新情况、新问题，要敏锐地发现，尽快地了解，迅速及时地反映。这也是“新”的保证。

（4）短。即篇幅较短，简短是消息区别于其他文体的主要标志。消息内容要简明扼要，语言要干净利落，尽量以精简的文字表达清楚所要说明的情况，做到言简意赅。

（二）消息的结构和写法

消息由标题、导语、主体、背景、结语五部分构成。

1.标题。消息的标题有三种基本形式：

（1）多行标题：即由引标题、主标题和副标题组成。引标题又叫“肩题”“眉题”，位于主标题上方，一般用以交代消息的背景，烘托气氛，引出主标题。主标题是消息标题的中心，居于标题中间位置，概括消息的主要内容或点明消息中心思想，文字较短，不超过一行。主标题的下一行是副标题，又叫“辅题”“子题”，用来补充说明引标题和主标题未说清楚的内容。

（2）双行标题：即由引标题和主标题或主标题和副标题组成。双行标题一般是彼此呼应、互为补充的。

（3）单行标题：即只有主标题。这种标题要求突出主题，简明、醒目。

2.导语。消息一般以开头的第一句话或第一段文字作为导语，用简练的文字概括主要内容或最精辟的议论，以吸引读者。因此，往往把最重要、最新鲜、最有意义的事实写在导语里。

3.主体。主体是消息的核心部分。紧承导语，以充分的、有说服力的材料，对导语的内容进行展开、注释和补充，使导语中提到的事实更加清晰，主题更加明确。写作主体要注意以下几点：

内容充实，详略得当。消息的主体内容必须具体、充实，这样才有说服力。导语提出什么问题，主体就要回答什么问题，这样才能紧扣中心，突出重点。注意突出主干，典型材料要用在主干上，与主题无关的材料要舍弃，次要材料要简略。

结构严谨，层次分明。要恰当地划分段落，有条不紊地展开叙述，写作顺序可采用时间顺序、逻辑顺序或时间和逻辑顺序相结合。时间顺序即按事情发生、发展、结束的先后顺序安排层次。逻辑顺序就是根据事物的内在联系来安排层次。时间顺序和逻辑顺序相结合，则严密而有条理，活泼而不紊乱。

4.背景。背景是指事件发生的历史背景、具体条件、环境和原因、性质和意义等，帮助读者加深理解消息的内容和价值。背景既可在主体部分出现，也可在导语或结语部分出现，位置不固定。根据需要，背景资料有时可以不写。

5.结语。结语一般是消息的最后一句话或一段文字，是整篇消息的结束语，阐明消息所述事实的意义，使读者加深对消息的理解、感受，从中得到更多的启示。有的消息，事实写完文章就结束了，结语就在事实之中。根据需要，结语有时可以不写。

除了以上五部分，也有的把消息头作为消息构成之一。消息头是消息的标志，是对新闻发出媒体、地点和时间的交代与说明。如“本报讯”“新华社济南2月22日电”等。各媒体对消息头的叫法不一，通讯社称“电头”，报社称“本报讯”，电台、电视台称“本台消息”。

（三）消息的要素

消息一般有当事人、时间、地点、事件、原因和结果六个要素，简称“六要素”。把这六要素串起来，就是一个通俗易懂的句子：某人某时在某地因某种原因做了某事出现了某种结果。

以下面一则消息为例。

> 1月16日下午2点，在博学楼606，×××大学文学院×××教授应邀为我校师生作“中华优秀传统文化进校园”专题讲座。

三、例文评析

> **咬伤蟒蛇遭逮捕**
>
> 【美联社加利福尼亚州萨克拉门托9月2日电】在萨克拉门托北部社区发生的一桩人蛇撕咬案让受害者身受重伤，但受伤一方并非如你所想。
>
> 警方说，在一男子被控咬了一条蟒蛇两次后，该蛇接受了紧急手术。
>
> 安德鲁·佩蒂特警官说，警方在接到电话后于昨晚6点半赶到德尔帕索海茨社区。之前曾有名过路人报告说，看到一男子躺在地上，也许遭到了袭击。当警察到达现场时，他们发现54岁的戴维·申克仍躺在那儿。但警方说，他不是遭到袭击的一方。
>
> 佩蒂特说，另一男子迎向警察，指控申克咬了其宠物蟒蛇两口。
>
> 申克涉嫌非法令蛇致残或外形受损而被捕，其保释金为1万美元。

| 评　析 |

这篇短消息的导语简单交代了事情概况，同时留下了悬念。它仅仅告诉我们在某地发生了一件人蛇撕咬的事，有一方受了重伤，但是没有告诉我们到底是蛇咬伤了人，还是人咬伤了蛇，吊足了读者的胃口，吸引读者读下去。

第二自然段是消息主体的第一部分，它用一句话补充了导语中留下的悬念。消息来源具有权威性和可信度，是“警方”提供的。

第三自然段补充了前面交代得不够详尽或没有交代的新闻要素，“精确的时间”“精确的地点”“警官的全名”“警方如何知晓的”“袭击者的姓名和年龄”，还提供了现场情景。

第四自然段用一句话补充了前面没有提供的新的信息，即该蟒蛇的主人向警察指控“施暴者”。另外，这一段还精确地补充了第二自然段的信息，蟒蛇被咬“两次”为“两口”。

最后以一句话结尾，简洁地介绍了事件的结果。

短短的一条消息看起来简单，其实饱含了作者精心构思的匠心，张弛有度，悬念迭生，趣味盎然，令人回味无穷。

四、写作模板

提示	模板
标题 （1）全标题 引标题＋主标题＋副标题 （2）双标题 ①引标题和主标题 ②主标题和副标题 （3）单标题（即只有主标题）	国务院台湾事务办公室负责人发表谈话（引标题） 希望海峡两岸实现直航（主标题） 愿与台相应主管部门协商双方直航问题（副标题） 彩灯映照笑脸　歌声洋溢大厅（引标题） 中央领导同志和首都小朋友喜庆“六一”（主标题） 童声乐声掌声声声悦耳　少年青年老年个个欢欣（主标题） 本市艺术幼苗昨晚演出精彩节目（副标题） 刘国梁，国球之栋梁（主标题）
消息头：讯或电	本报讯 ×× 社 ×× 月 ×× 日电
导语 ↓ 主体 ↓ 背景（根据需要确定是否写） ↓ 结语（根据需要确定是否写）	×× 月 ×× 日，×× 部门召开 ×× 会议，××× 等主要领导以及 ××× 等参加了会议。 会上，××× 作了重要讲话，强调 ××××××；××× 作了重要讲话，指出 ××××××；××× 宣读了 ×× 文件；××× 对下一步工作提出了明确要求，作出部署。

五、写作实训

根据“任务情境”提供的信息，拟写一则消息。也可根据学校近期发生的事情，如“学校活动课堂开课了”“开学典礼”“技能大赛”等，拟写消息。

任务二　通讯

任务目标

1. 了解通讯的含义、分类和特点；
2. 了解通讯与消息的异同；
3. 掌握通讯的结构和写法。

一、任务情境

2017年11月28日至29日，全省中职生××赛项技能大赛由王宇所在的学校承办。在全校师生共同努力下，本次比赛圆满成功，全校师生一片欢腾。时刻跟踪报道的小记者王宇，脑海中时刻浮现大赛工作人员忙碌的身影和参赛选手比赛时的精彩瞬间，他决定和其他几位小记者携手合作写一篇通讯。

二、知识点击

（一）通讯的含义、分类和特点

1.通讯的含义

通讯是运用叙述、描写、抒情等多种表达方式，具体、生动地报道具有新闻价值的人物或事件的新闻体裁。它不仅交代发生了什么事，而且交代事情的来龙去脉以及情节、细节和有关环境气氛等。

2.通讯的分类

根据报道内容的不同，通讯可分为人物通讯、事件通讯、工作通讯和概貌通讯等。

（1）人物通讯。是以人物的思想、言行、事迹和命运为报道内容的通讯，所记叙的对象一般是各个领域的先进人物或是有特殊社会影响力的人物，通过这些人物的事迹，展示人物的崇高品质，为社会树立榜样，给读者以教育、鼓励、感染，引导读者思考。

人物通讯有两种类型。一是集中反映一个人物的，如记叙黄大年事迹的《心有大我，山一样的巍峨——追记著名地球物理学家、国家“千人计划”专家黄大年》(《人民日报》2017年7月12日）。二是围绕一个特定的主题，反映几个人物或某一群体的，如刻画多名志愿军战士形象的人物通讯《谁是最可爱的人》(《人民日报》1951年4月11日）。

写作人物通讯，要通过多侧面描写（肖像描写、行动描写、语言描写、心理描写、细节描写等），突出先进人物的思想之光。

（2）事件通讯。是以有典型意义、有普遍教育作用的新闻事件为报道对象的通讯。事件通讯时效性较强，它围绕中心事件选材，旨在挖掘事件意义，揭示事件本质，进而反映社会风尚，弘扬时代精神。

事件通讯有两种类型。一种重在赞颂新风尚、新思想、新的精神面貌，以正面教育为主。如《马氏“兄弟”跨越二十年的诚信》(第二十六届中国新闻奖获奖作品，《河南日报》2015年2月15日）、《“你给了我生命，我陪你走余生！”——大四学子刘播千里寻母》。一种重在揭露某些不良现象或揭示某种社会矛盾，从侧面起到社会教育作用。如《贫困县刮起奢侈风——河南濮阳干部建豪宅机关盖大楼》(《云南日报》2007年2月27日）。

写作事件通讯，要把事件放在广阔层面上来认识和表现，突出主要线索，写好典型情节，通过具体生动的事例来表达某种深刻而有意义的道理。

（3）工作通讯。是反映当前实际工作中的经验或问题，介绍某单位先进事迹，传播其典型经验和做法，以对一般单位产生引导作用的通讯，也被称为经验通讯。其叙写内容类似经验消息和调查报告，但比经验消息详细，比调查报告简略。它写法灵活，有事有人，可以有议论。“采访札记”“记者来信”，都是工作通讯的变通形式。如《别让汉字成为“最熟悉的陌生人”——武城职院学生汉字书写能力大扫描》《一场深刻的思想洗礼——复旦大学党的群众路线教育实践活动纪实》。

（4）概貌通讯。又称风貌通讯。它是反映社会生活、风土人情、自然风光和某地区、部门、行业、工程的新面貌、新气象的通讯报道。概貌通讯与事件通讯不同，它不是围绕一个人物或一个中心事件来写，而是围绕主题集中报道各方面的风貌和特色。报刊上常见的“见闻”“纪行”“巡礼”“散记”“游记”均属此类。这类通讯取材宽广，写法灵活，内容生动，展现现实的生活画面，可以让人长见识、扩胸襟、添情趣。如《BOSS是怎样炼成的——中国石油大学大学生就业创业技能训练基地侧记》、《美丽的古城——凤凰掠影》(《湖南日报》1989年2月28日)。

3.通讯的特点

新闻性是通讯的基本特征。报道对象必须是真实的，应该具有一定的思想性和典型意义。报道时效虽不及消息，但也必须及时，仍须有很强的时效概念。除了真实性、时效性等新闻性特征，通讯的主要特点有：

（1）生动性。通讯在报道真实的人和事的过程中，较多借用文学手段，可以描写、抒情，可用比喻、拟人等修辞手法，再现情景，给人以立体感、现场感。此外，通讯虽然一般以第三人称叙述为主，但在“见闻”“采访记”一类的通讯中，也采用第一人称。

（2）完整性。通讯容量大，范围广，取材全面，相对完整，它要求详尽、具体地报告事件的经过，演绎人物的命运，充分展开情节，甚至描写细节和场面。这些既是生动性的表现，同时也是内容完整性、具体化的要求。

（3）评论性。通讯表现手法多样，结合叙述，运用夹叙夹议的方法对人或事作出直接评论，兼以描写、说明或抒情。通讯的评论须时时紧扣人物或事件，依傍事实，恰到好处。它的特点是以情感人，理在情中。

（二）通讯与消息的异同

通讯与消息都属于新闻范畴，都具有新闻的一般特征，如用事实说话、讲究时效性等。二者的不同点在于：

1.从时效性上看，消息比通讯的时效性更强一些。

2.从篇幅上看，消息内容一般比较概括、简要，篇幅较短，满足读者想“早知道”的需求；通讯内容则比较具体、深入，篇幅较长，满足读者想“多知道”的需求。

3.从结构上看，消息结构形式相对固定，通讯结构形式则比较灵活。

4.从表达方式上看，消息一般以叙述为主，兼有议论，很少有描写、抒情；通讯则根据内容需要，可以综合运用多种表达方式。

（三）通讯的结构和写法

通讯主要由标题、正文两个部分构成。

1.标题。一般分为两种形式：双标题和单标题。

2.正文。正文包括导语、主体和结尾三部分。

（1）导语用来引出对主体内容的报道，可采用叙述式、提问式、评论式、描写式和引用式等写法，这与消息的导语写法相同。此外，通讯还可以采用抒情式的写作方法，具体描述一个感人的场景或事件，让读者在情绪的渲染中进入阅读过程。

（2）主体部分是通讯的主要内容，用于对人物事迹、工作进展或典型事件等进行具体生动的报道，达到弘扬先进、总结经验和引导工作的目的。

（3）结尾可以灵活多样，既可以抒发感情、叙述感受、展示前景，又可以发表议论、揭示主题，还可以对事件发展的线索作简要交代。根据内容表达需要，有时也可以不写结尾。

写作通讯要注意以下几个问题：

第一，主题要明确。明确主题，以便取舍材料，让角度选择有依据。

第二，材料要典型。通讯是对一个主题事件或一个人物的事迹进行报道，要从众多的材料中选取最能反映事物本质的、具有典型意义的和最有吸引力的材料，使通讯的内容具有可读性和感染力。

第三，角度要新颖。通讯所报道的新闻事实，可以从各个不同的角度去观察去反映，如正面、反面、侧面……角度不同，效果各异。为增强表达效果和吸引力，表达方式也要灵活多样，除叙述外，还可以采用描写、议论、抒情等方式。

在条件允许的情况下，适当插几幅图片会使表达效果更好，但照片数量不可太多，一般两三幅即可。

三、例文评析

带着山里孩子去看世界比直接捐钱的意义更大

贵州山里娃：心里话无处诉说

本报记者　白皓　通讯员　裴江文

《中国青年报》（2011年02月24日　03版）

前段时间，在贵州民间助学促进会组织的第六届“山里孩子看世界”活动中，6名青年志愿者和2名老师陪着32名来自贵州大山深处的孩子，一起经历了孩子们生命中的无数个第一：第一次来到省城贵阳、第一次到澡堂洗澡、第一次走进大学校园、第一次用笔记本电脑、第一次看4D动画片……

城里孩子司空见惯的情景和体验，对于大山里的孩子来说都非常新鲜。在这4天里，32个孩子满足了自己内心最大的渴望：和有知识的哥哥姐姐在一起，看看和大山里不一样的世界。

山里孩子在自己的生活环境里，缺乏可以倾诉的对象

姜东今年上四年级，每天早上走几十分钟山路去上学，放学后要去放马，并趁着马吃草的工夫去山上割些猪草，直到天黑回家吃晚饭。晚饭后的时间，姜东用来写作业，“一般要写到九十点钟，然后就睡觉了，一直都是这样。”

姜东的父母都是老老实实的农民，文化程度不高，没有能力辅导姜东的功课，每天茶余饭后谈起的也都是村里的家长里短。姜东获取外界信息的唯一途径，就是看电视。

“我家的电视只有本地的几个台，播放的好多节目我都觉得没意思。”在贵州大学的校园里，姜东说，“哥哥姐姐们说的东西我都不晓得，好多东西也没见过。”

和姜东一起参加活动的杨雪，父母都常年在云南打工，她和三个姐妹跟着爷爷奶奶一起生活。爷爷今年80岁，奶奶60多岁。

爷爷奶奶每天最大的任务就是做好饭，等着姐妹四人放学以后回家吃饭。因为爷爷奶奶岁数大了，杨雪有很多事情都不愿意跟他们说，遇到问题一般都是四姐妹商量着办，实在解决不了再给爸爸妈妈打电话。

“有的时候心里不舒服了，和别人吵架了，被批评了，都不晓得和谁说。”杨雪说。

活动组织者、网名叫赖哥的一位青年志愿者告诉《中国青年报》记者，姜东和杨雪的情况，能反映出山里娃娃的普遍生活状态。

赖哥注意到，每一批参加“山里孩子看世界”活动的孩子，活动第一天都很拘束，不好意思说话。第二天开始，就会特别渴望跟志愿者交流，整天和自己喜欢的志愿者粘在一起，“孩子们总想倾诉自己内心的东西，也想让我们告诉他们新鲜的东西。”

网名为茜茜的志愿者发现，山里孩子在自己的生活环境里，缺乏可以倾诉的对象：同学、姐妹之间大多会相互保守一些自己的小秘密，向长辈倾诉的愿望不强，比如，老师在孩子们眼里特别严肃，他们不敢向老师倾诉。“山里孩子表达自己情感的渠道太少了，不像城里的孩子，能上QQ，能写博客，能有更多的朋友。”

赖哥总结，能和有知识、有见识的志愿者在一起，是山里孩子最普遍的渴望之一。

希望更多的志愿者能到山村里去，或者把孩子们接到自己身边，带着他们看世界

赖哥还发现了一个有意思的现象：参加活动前，山里孩子的普遍志向是“想

长大了出去打工”，参加活动后，不少孩子的想法都变成了“要考大学出去见识更多的东西”。

每次安排“山里孩子看世界”的活动行程，赖哥都会把参观大学校园、体验科技馆、参观飞机场列为重要内容，并为落实这些行程四处联系。

15岁的杨品是贵州省毕节市纳雍县董地乡小寨小学五年级的学生，家境贫困，酷爱读书，怀里总是揣着本《论语》，参加“山里孩子看世界”活动让他第一次走进大学校园。

在贵州大学中国文化书院的孔子像前，他一直紧紧盯着塑像，过了几分钟，突然大声背诵最近学习的《论语》：“子曰：‘学而时习之，不亦说乎？有朋自远方来，不亦乐乎？人不知而不愠，不亦君子乎？’”

“我一直很喜欢《论语》，对孔子很敬重，大学里面有这么好的文化书院，还有孔子像。”杨品显得很高兴，“这之前我都不知道孔子是什么样的，我一直觉得他肯定特别严肃。”

因为喜爱读书，因为大学校园里有书院、有孔子像，杨品说，就为这个，也要考大学。

“孩子们的思想都很单纯，他们不知道外面的世界还有什么样的精彩，一切我们看似平常的东西都可能影响他们一辈子。”赖哥说。

参加活动的小寨小学四年级老师杨丙俊对记者坦言，自己已经教了12年书，知识面越来越窄，乡里老师们最大的愿望，就是每年能带孩子们出来看看外面的世界，但目前存在的障碍第一是资金，第二是活动各方面的协调，“比如联系参观、体验的场所，安排食宿，安排日程等，因为我们也不熟悉外面。”

这次，在志愿者的组织下，杨丙俊和32名孩子第一次达成了心愿。杨丙俊说，这比直接捐钱的意义更大。山里有很多聪明伶俐的孩子，只是条件、资源太有限，希望能有更多的志愿者加入帮助山里孩子的队伍。

为了给山里的孩子汇聚更多爱心，共青团贵阳市委主办、贵州民间助学促进会组织了“火柴天堂”慈善晚会。到2010年，慈善晚会已连续举办了八届，晚会的演出者和工作人员都是志愿者。

慈善晚会通过爱心拍卖和助学项目自由捐助的形式募集资金，捐助一个山里孩子走出大山看世界的费用为800元。在2010年第八届“火柴天堂”慈善晚会现场，共筹得20万元爱心善款。这笔钱将用于帮助城市农民工子女、贫困山区孩子以及培养乡村老师等项目。

赖哥希望能有更多的爱心人士在关注山区孩子温饱的同时，还能关注山区孩子的教育成长问题："真希望能有越来越多的志愿者，能抽时间到山村里去，和孩子们在一起，或者把孩子们接到自己的身边，带着他们看世界。"

| 评　析 |

这是一篇事件通讯，主标题用第一人称的语气，直接窥探"贵州娃"的内心世界，容易引起读者共鸣；引标题则使用比较句强调了"带着山里孩子去看世界"的意义。

开篇选取32名来自贵州大山深处的孩子第一次去省城的画面，引出了"山里孩子看世界"这一新闻事件。

语言生动形象、朴实真切，能打动读者。记叙文的表现手法也增强了文章的吸引力，正面和侧面描写相结合的写作手法，展现了真实生动的"贵州娃"形象。本文围绕主题，选取了姜东、杨雪、杨品3个典型的"山里娃"进行采访，从正面向我们展现了"贵州娃"的真实生活世界和内心世界，以及他们看世界之后的感想和收获。还采访了全程陪伴他们的老师、志愿者和网友，从侧面向我们展现了"贵州娃"的内心世界和对外面世界的渴望。

四、写作模板

提示	模板
标题 （1）双标题 （2）单标题（即只有主标题）	感悟传统，汲取精华 ——×× 职业学校举办中华优秀传统文化进校园活动 ×× 职业学校毕业生就业与创业指导报告会成功举办
正文 导语 ↓ 主体 ↓ 结尾	××月××日，××单位在××地召开××会议。我们希望通过这次活动达到××××××的目的。 会议议程分为三个部分： 一是×××××；二是×××××；三是×××××。会议气氛热烈，尤其是××××××，使与会人员深受感动，会议气氛达到高潮。 本次会议的成功进行，为××××××打下良好的基础，充分展示了××××××，对××××××具有重要意义。

五、写作实训

1.运用所学有关通讯的知识，写一则人物通讯，报道发生在自己身边的老师或同学的先进事迹。

2.认真阅读《人民日报》刊发的《“樵夫”的魔力——追记全国优秀县委书记廖俊波》《爱人者，人恒爱之——廖俊波的大爱人生》《一个人，一辈子，一道渠——贵州遵义老支书黄大发的无悔人生》等通讯全文和《人民日报社研究部：先进人物通讯报道何以打动人》一文，借鉴其写法。

任务三　产品说明书

任务目标

1.了解产品说明书的含义、特点和作用；

2.掌握产品说明书的结构和写法。

一、任务情境

暑假期间，王宇积极响应学校号召，参加社会实践活动。他的实践地点是一家小家电生产厂，恰巧该厂生产了一款操作简单、携带方便的迷你型吹风机，王宇的师傅想让他起草一份说明书。王宇研究产品、请教师傅、咨询老师、查阅资料，认真准备了起来。

二、知识点击

（一）产品说明书的含义、特点和作用

1.产品说明书的含义

说明书是对某种产品、读物、影视戏剧、文艺演出、旅游胜地等进行介绍、说明的一种应用文。说明书按照表述形式分类，可分为条款式和文字图表式两种。按照说明的事物分类，可分为产品或商品说明、出版说明、影视剧说明等。

产品说明书是说明产品的性质和使用方法的文字，主要介绍产品的组成材料、性能、规格、存储方式、主要用途、注意事项、使用方法、维修保养等。

2.产品说明书的特点

（1）说明性。产品说明书的主要功能和目的是介绍产品，其主要表达方式是说明。

（2）科学性。产品说明书的内容必须实事求是，概念界定要明确，程序方法要清楚，语言描述要准确、客观。

（3）知识性。产品说明书的目的是介绍产品的相关知识，以利于用户正确地使用和维护产品，因此具有知识性。

（4）实用性。产品说明书要做到条理清晰，表述准确，使用户看了以后能准确掌握使用方法，明了注意事项。

（5）简明性。产品说明书常常放在产品包装盒内或直接印在包装盒上，这就要求说明书的表述要简明、准确，突出重点，篇幅短小。

3.产品说明书的作用

产品说明书是指导用户选择产品、使用产品的“路标”和“向导”，帮助用户了解产品特性，确保用户正确、安全地使用产品。说明书的作用主要有三点：

（1）解释说明。为了使消费者能很好地使用产品，产品说明书要给用户以切实的指导和帮助，详细地阐明使用产品的每一个环节和注意事项。

（2）广告宣传。好的说明书可以使用户产生购买欲望，达到促销的目的。

（3）传播知识。说明书对某种知识和技术有传播作用，如介绍产品的工作原理、主要技术参数、零件的组成等。

（二）产品说明书的结构和写法

产品说明书一般由标题、正文、落款三部分组成。

1.标题

一般有三种写法：一是以产品名称为标题，如《草珊瑚含片》。二是由产品名称加上文种构成，如《×××牌电热水器说明书》。三是直接以文种为标题，如《说明书》。

2.正文

通常详细介绍产品的性能、原理、规格、特点、原料、使用方法、注意事项、维修保养等知识。不同产品的说明书，内容侧重点也有所不同。如果是食品或药品，还要详细注明成分、生产批号、生产日期、保质期、存储方法等。

3.落款

要写清楚生产厂家、地址、电话、邮编、网址等，便于消费者联系。

（三）产品说明书写作注意事项

1.实事求是，科学准确

本着对用户负责的原则，产品说明书内容要符合实际情况，对产品的介绍要客观，不能出现知识性错误，不能随意夸大产品的性能、作用。

2.全面说明，交代清楚

对产品介绍应全面，产品使用方法、性能、优缺点、注意事项等应如实介绍，明白无误地阐述。

3.突出重点，条理清晰

着重介绍使用者最希望了解的内容，语言要准确、通俗、简明，还要条理清晰。

三、例文评析

香雪牌抗病毒口服液使用说明书（纯中药新药）

本品系以板蓝根、藿香、连翘、芦根、生地、郁金等中药为原料，用科学方法精心研制而成。是实施新药审批法以来通过的第一个用于治疗病毒性疾患的纯中药新药。

本品经中山医科大学附属第一医院、第一军医大学南方医院和广州市第二人民医院等单位严格的临床验证，证明对治疗上呼吸道炎、支气管炎、流行性出血性结膜炎（红眼病）、腮腺炎等病毒性疾患有显著疗效，总有效率达91.27%。其中，对流行性出血性结膜炎（红眼病）和经病毒分离阳性的上呼吸道炎的有效率均为100%，并有明显缩短病程的作用。

本品疗效确切，服用安全、方便，尤其适用于儿童患者，是治疗病毒性疾病的理想药物。

【性状】本品为棕红色液体，味辛，微苦。

【功能与主治】抗病毒药。清热祛湿，凉血解毒，用于治疗风热感冒、瘟病发热及上呼吸道感染、流感、腮腺炎等病毒感染疾患。

【用法与用量】口服，一次10ml，一日2—3次，宜饭后服用，小儿酌减。

【注意事项】临床症状较重，病程较长或合并有细菌感染的患者应加服其他治疗药物。

【规格】每支10ml。

【贮藏】置阴凉处保存。

|评 析|

这份产品说明书最突出的优点，是其对药品疗效的介绍用了名牌医科大学附属医院等单位的临床验证作证明，真实可信；其次重点突出，对消费者的需要和利益考虑得比较周到；语言明晰、准确，用法用量等交代很清楚，很好地体现了产品说明书的特点。

四、写作模板

提示	模板
标题 （1）以产品名称为标题 （2）由产品名称加上文种构成 （3）直接以文种为标题	草珊瑚含片 ××× 牌电热水器说明书 说明书
正文	产品特点 该产品具有 ××××××××× 等特点（要实事求是）。 使用方法 本产品使用时先 ××××××，再 ××××××（条理清晰，表达清楚，便于操作）。 注意事项 使用时注意 ××××××，如 ×××××× 请 ××××××（为消费者负责，交代清楚）。 产品批号 ××××××
落款	企业名称：×××××× 地址：×××××× 邮编：×××××× 联系方式：×××××××××××

五、写作实训

1.请利用周末时间，采访、调查一家小家电生产或销售企业，根据所学知识，写一篇家用小电器产品说明书，并与产品实际配套说明书仔细比较，看看自己的习作有哪些缺点，进一步修改完善。

2.阅读以下说明书节选文字，指出存在的主要问题并提出修改意见。

（1）×××沐浴露：按照一般沐浴露使用方法使用。

（2）×××消炎药：体重重的或年龄大的2粒，体重轻的或年龄小的1粒。

（3）×××手机：采用了先进的技术，功能强大。

（4）×××简易晾衣架：先安装再使用，使用时不要挂太重的衣服……

任务四　演讲稿

任务目标

1.了解演讲稿的含义和特点；

2.掌握演讲稿的结构和写法。

一、任务情境

最近，学校开展了“红旗飘飘　引我成长”读书征文演讲活动，王宇和小组同学大量阅读，积极讨论，精心准备。经过层层选拔，王宇被确定代表班级参加学校的演讲比赛。他开始认真准备演讲稿。

二、知识点击

（一）演讲稿的含义和特点

1.演讲稿的含义

演讲稿是演讲者在演讲前事先准备的供演讲使用的文字底稿。演讲稿要符合听众特点和现场气氛，能引起现场听众的共鸣。

2.演讲稿的特点

（1）鼓动性。演讲是为了说服听众赞成演讲者的观点，使听众的思想为之震动，情感产生共鸣，所以演讲稿的内容必须具有感染力和鼓动性。

（2）针对性。演讲成功的关键是让听众与演讲者产生共鸣，共鸣产生的前提是听众有类似的经历或需要，所讲的问题是听众想听的，所讲的道理是听众迫切需要了解的。演讲稿针对性越强，演讲越成功。

（3）通俗性。演讲多是在现场发表的，其语言要通俗化、口语化，让人一听就懂。还要注意生动形象性，能够吸引听众的注意力。

（二）演讲稿的结构和写法

演讲稿通常由标题、称谓和正文三部分构成。

1.标题

演讲稿的标题一般要求能够揭示演讲主旨，贴切、醒目，有吸引力。有以下几种常见类型：直接以《演讲稿》为题；揭示主题，如《青春喜迎十九大　不忘初心跟党走》；运用名言警句，如《勿以善小而不为，勿以恶小而为之》；运用象征比喻，如《托起新世纪的彩虹》；提出问题，如《人生的价值何在？》；抒发情感，如《党啊，亲爱的妈妈》；表明内容，如《在马克思墓前的讲话》等。

2.称谓

演讲稿要根据听众写明称谓，称谓要自然、亲切、得体，以拉近与听众的感情距离。常见的有“各位领导”“各位来宾”“女士们、先生们”“同志们”“朋友们”等，通常在称谓前加上“尊敬的”“敬爱的”等敬辞，以示尊重和友好。

3.正文

演讲稿正文一般由开头、主体和结尾三部分构成。

（1）开头。开头有吸引听众、引出下文、奠定基调的作用。可以由问候、感谢语引出，也可以由一个故事或现象谈起，还可以开门见山，概括内容或揭示中心思想。不管用什么形式开头，都应做到简洁流畅，亲切有趣，以调动听众的情绪。

（2）主体。主体是演讲稿的核心内容，要求观点鲜明，突出重点和主题；围绕中心思想选材、组材，观点和材料一致。可以运用叙述、抒情、议论等各种表达方式，以达到理想的演讲效果。主体的结构可采用总分式、递进式、并列式、对照式等方式。

（3）结尾。演讲稿的结尾是全篇的高潮和顶峰。好的结尾可以揭示主题，发人深省，为演讲添彩。大多数演讲稿的结尾是对听众发出号召或鼓动听众。也可概括演讲内容，加深听众对主旨的印象。还可以采用启发式，使听众在反复回味中受到教育启发。

三、例文评析

母爱就是身上衣

广东惠州 许大田

（2013年首届国际华语演讲大赛唯一特等奖）

各位朋友，我想请问大家一个问题：有哪位曾经穿过母亲做的衣服？今天，又有哪位是穿着母亲做的衣服来参加比赛的？

看来我是幸运的！因为我今天就是穿着母亲做的衣服来参加比赛的。这是母亲手工剪裁、手工缝制的！你能看出来吗？从小到大，母亲做的衣服我一穿就是35年！

有人说母爱是阳光温暖我身，有人说母爱是春雨滋润我心。而在我看来，母爱就是我穿在身上的这件衣裳。

我的母亲是一名普通的农村劳动妇女。我从小生活在一个由父母亲撑起的四世同堂的家庭里。如果让我找寻儿时的幸福与快乐，我可以肯定地告诉您，那一定是与衣裳有关的。儿时最高兴的事是过年时穿母亲做的新衣裳。大年三十的晚上，母亲把新做好的衣服熨得板板正正，然后穿在我身上。母亲总是面带笑容看着我身上的衣服，左端详、右端详，似是欣赏衣服，更是在欣赏成长中的儿子。那种幸福感正是寒冷冬季新衣服传递到我身上的阵阵暖流啊！

我曾问过母亲："为什么过年一定要穿新衣服呢？"母亲说："过新年啊，人要有新盼头儿，特别是孩子不能穿着破旧的衣服过年！"现在想来，当时我穿着的更多的应该是母亲对我未来生活的期望啊。

母亲的爱不仅体现在我身上，更体现在我的曾祖父、曾祖母身上。曾祖父、曾祖母都活到90岁，晚年瘫痪在床，生活不能自理，都是由母亲照料。人都说儿子是母亲一把屎一把尿带大的，而曾祖父、曾祖母活到90岁，也是母亲一把屎一把尿送走的！走的时候，他们穿着母亲做的最厚重、最庄重、最体面的"养老衣裳"。

送走二老，2007年，母亲来到广东和我一起生活。我们家也添了新成员——我的女儿。我女儿6岁了，这六年，女儿也是穿着母亲做的衣服长大的。我十分钦佩母亲的学习能力和模仿能力。每次在网上看到什么好看的款式，母亲都能照着样子做出来，就连上面的花儿母亲也能绣出那个样儿来。

所以，你若问我母爱是什么，在我看来，母爱就是身上衣。这衣服穿了不是一代、两代，而是五代。穿上这件衣裳，让我知道，母亲的爱可以让家庭和和美美，母亲的爱可以让家庭子孝孙贤，母亲的爱可以让我对生活充满渴望，母亲的爱可以让我不断积蓄人生进取的力量。

然而，去年9月的一次体检，母亲被查出得了肝癌。你能想象这对一个一直穿着母亲做的衣、吃着母亲做的饭、受着母亲照料的孩子来说，意味着什么吗？天塌地陷啊！母亲做手术的那段时间，我一个人不知流了多少泪！有一次回惠州，开车一个半小时，一直哭到家。朋友们，是不是有句话叫“母子情深”？是不是有句话叫“母子连心”？

母亲知道家人是悲痛的，坚强乐观的母亲还常劝慰我们：“你们不要哭，我也不哭。人这一辈子谁能没个大病小灾的，以后的日子该怎么过，咱还怎么过！”

今天，我穿着母亲做的衣服来参加华语国际演讲大赛，就想告诉大家：我有一个既普通又伟大的母亲，她把所有的爱都给了子女、给了家人。这种爱，如苍山洱海亘古不变；这种爱，如茶马古道历久弥新！母爱心，身上衣！

|评　析|（孙朝阳　决赛评委）

平凡的事例，不平凡的母爱；平凡的亲情，不平凡的感动。没有惊天动地的语言，却有震慑人心的感慨；没有声嘶力竭的呐喊，却留下永久回味反思的情感。听完演讲，明白并开始实践一个道理：母爱无边，爱自己的母亲吧！演讲的魅力在于唤醒真善美并为之行动，真善美是永远的而不是一时的。

四、写作模板

提示	模板
标题 （1）直接以《演讲稿》为题 （2）揭示主题 （3）运用名言警句 （4）运用象征比喻 （5）提出问题 （6）抒发情感 （7）表明内容	演讲稿 青春喜迎十九大　不忘初心跟党走 勿以善小而不为，勿以恶小而为之 托起新世纪的彩虹 人生的价值何在？ 党啊，亲爱的妈妈 在马克思墓前的讲话
称谓	尊敬的各位老师、亲爱的同学们：

（续表）

提示	模板
正文 开头 ↓ 主体 ↓ 结尾	草长莺飞，春花烂漫，正是读书的好时节。古人云："开卷有益。"读书于我们，颇为重要。 第一，读书可以××××。 第二，读书令人××××。 第三，读书让我××××。 老舍说，我的生命，是母亲给的，我之所以成为一个不十分坏的人，是母亲影响的。我想加一句，我的健康成长，是阅读给的，我之所以优秀，是阅读影响的。同学们，趁时光大好，捧卷品读吧！

五、写作实训

1.以班级为单位，组织一次演讲比赛。从下面几个题目中任选一个，写一篇演讲稿。先在学习小组内演讲，每组推选两位代表，参加班级比赛。

（1）优秀传统文化　浸润多彩人生

（2）你为明天准备了什么

（3）红旗飘飘　引我成长

2.谈谈你对以下几种演讲开头的看法。

"大家让我来讲几句，本来我不想讲，一定要讲就讲吧。"

"同志们，我没什么准备，实在说不出什么。既然让我讲，只好随便讲点，说错了请大家原谅。"

"同志们，这几天实在太忙，始终抽不出时间准备，加上身体欠安，恐怕讲不好，请大家原谅。"

任务五　调查报告

任务目标

1.了解调查报告的含义和特点；

2.掌握调查报告的结构和写法。

一、任务情境

王宇在学校举办的“红旗飘飘　引我成长”读书征文演讲活动中荣获一等奖，为班级争了光。语文老师让他在班里介绍经验，他说得益于之前和小组同学大量阅读，积极讨论。老师便交给他们组一个任务，调查班级同学阅读情况，并写成调查报告，提出合理建议，提高同学们的阅读兴趣。

二、知识点击

（一）调查报告的含义和特点

1.调查报告的含义

调查报告是根据一定的目的，对某一客观事物或社会问题进行调查研究，经过分析、综合，得出结论并将其表达出来的书面报告，也是报刊上常见的新闻体裁之一。人们往往通过调查报告反映当前重要事件真相、总结工作经验教训、探索事物发展规律等。根据调查内容，调查报告可分为经验调查报告、情况调查报告、问题调查报告、研究性调查报告等。

2.调查报告的特点

一是真实性。客观事实是调查报告存在的基础，真实性是调查报告的生命线。调查报告要用事实说话，内容真实可靠，材料数据必须全部真实。

二是典型性。必须选择具有典型意义的报道对象进行调查，可以调查现状，也可以调查历史，突出现实意义，为实际工作服务。运用的材料要有典型意义，得出的结论或总结出的规律要有普遍意义，不能以偏概全。

三是夹叙夹议，惯用第三人称。调查报告主要是通过大量的材料进行分析和综合，揭示事物本质规律；或通过概述事实，得出结论。这一特点决定了调查报告要采用夹叙夹议的表达方式。叙，多为概括叙述；议，多为画龙点睛式，简要概括结论。

四是针对性。写调查报告就是为了解决某个问题，反映某种情况或推广某种经验，从这些客观需要出发，深入实际，有针对性地进行调查研究，形成书面调查报告。调查报告的针对性越强，其解决问题的实效性越大。

（二）调查报告的结构和写法

调查报告一般由标题、前言、正文、结语四部分组成。

1.标题

一种是单行标题，分为直接标明调查对象和揭示文章主旨两种。前者的写法是调查内容加文种，如《关于中等职业学校中华优秀传统文化进校园情况的调查报告》；后者如《×××市大力发展职业教育》。另一种是双行标题。正标题点明调查结论或主题，副标题说明调查对象或内容。如《职校发展德育先行——××××职业学校德育实践思考》等。

2.前言

前言主要介绍调查的时间、地点、对象、范围、结果等基本情况，也可简单介绍全文主旨或主要结论。前言起到画龙点睛的作用，要精练概括，直切主题。前言常见写法有两种：第一种是简单介绍调查的目的、时间和地点、对象或范围、经过与方法以及人员组成等基本情况；第二种是点明所要调查问题的意义，以引起读者的关注或兴趣。

3.正文

这是调查报告的核心部分，一般详述调查研究的做法、经验或存在的问题，分析调查研究材料中得出的各种具体认识、观点和基本结论等。为了做到条理清晰，这一部分往往分为几个小部分，每一部分可拟写一个小标题或用序号排序。正文部分在结构安排上可灵活处理。可以先列出调查情况，再分析原因，最后得出结论。也可将调查材料归类，分几个问题来写。

4.结语

结语可以概括全文内容、总结经验，也可以提出解决问题的方法、对策或下一步改进工作的建议，或指出事物的发展趋势，或展望前景，发出鼓舞和号召。如果正文部分已把内容讲清楚，结语可以省略。

三、例文评析

关于当代青年消费问题的调查报告

中国青少年研究中心联合北京、上海、广州以及山东、辽宁、黑龙江等6个省市青少年研究所和广西壮族自治区团校，最近在全国9个省、市、自治区对青年人的消费观念、消费现状与趋势、消费结构进行了大规模调查。

一、青年消费观念变化

如今青年人的消费观念正发生变化，以往视“粗茶淡饭”“勤俭持家”为美德的观念淡化了。许多青年注重“吃要讲营养，穿要讲式样，玩要讲多样，用要讲高档”。因此，在调查中问及青年对这个“四讲”问题怎样评价，来自青年的反馈是：认为“符合现代生活方式”的占42.5%，认为“不合中国国情”的占21.3%，认为“助长好逸恶劳”的占7.2%，认为“容易引入高消费误区”的占23.9%，回答“说不清”的占5.1%。这表明当今相当多青年的消费观念已经发生变化，有42.5%的人向往“四讲”的生活方式，但对“四讲”的生活方式持怀疑和否定态度的人数也多达52.4%。

二、消费现状与趋势

1.饮食日益注重营养。在“你对饮食最注重的是什么？”一问中，青年人回答“讲究营养”的人数占40.4%，为“方便省事”的占25.3%，答“吃饱就行”的占23.4%。

2.穿着注重方便舒适和体现个性。在青年人回答“你对服饰穿着最注重的是什么？”一问中，“方便舒适”占46.6%，“体现个性”占30.5%，“款式新颖”占16.5%，“讲究名牌时髦”占6.4%。

3.“住宅舒适”被列为改善生活的主要目标。在对“你认为生活改善的主要目标是什么？”一问的回答中，多达55.9%的青年把“住宅舒适”列为改善生活的主要目标，其次才是“旅游”，占21.9%，“家用电器齐全”占16.1%。

在被调查的青年人中，约有1/3的人想买房，但当前许多人买不到房，有的则认为房价过高。

4.沿海地区青年人购买大件消费品趋向高档化。据一些大城市及沿海经济发达地区调查，青年高档消费的指向产品，依需求人数比例高低排列的顺序是：立体声音响（46.8%）、空调（40.5%）、彩色电视（39.7%）、摩托车（37.6%）、电冰箱（31.5%）。

据调查分析，电脑、打字机和小汽车很可能在20世纪末、21世纪初被列入新“三大件”。据广东、上海、北京青年人的需求指向，彩电已被排在第五或六位，排在第三位的是电脑、打字机或摩托车，而广西、山东、吉林、黑龙江等地区彩电仍居“三大件”之首。广东、上海、北京青年今天的消费指向将是其他地区青年明天的消费趋向。

三、消费结构失衡

在调查中发现，现在青年人的消费结构有两个失衡之处：一是物质消费增长很快，精神消费则严重滞后；二是在精神消费中重娱乐消遣，轻读书学习。

据对9省、市、自治区的调查，青年中“基本不买书报”的人占被调查人数的12.6%，“偶尔买点”的人数占26.4%，把“购买书报列为每月固定支出项目”的只有9.9%；家中基本没有藏书（存书在50册以下）的青年多达34%，而拥有100册以上的人仅占28%。这种情况令人忧虑。消费结构失衡，不利于青年一代健康成长。因此，结合加强爱国主义教育，鼓励和引导青年多读书、读好书，应当受到社会各界的关注。

（原载《市场报》1994年11月9日）

|评　析|

这是一篇关于消费情况的调查报告。标题为单行标题，采用调查内容加文种的写法。前言写调查的发起者、调查地区和调查对象。正文部分采用并列式结构，用了三个小标题，根据调查研究材料，得出基本结论。结论多以数字作说明，数字与结论互相联系，观点与材料相得益彰。本文没有专门的结语。语言简洁，观点鲜明，有理有据，令人信服。

四、写作模板

提示	模板
标题 （1）单行标题 　①直接标明调查对象 　②揭示文章主旨 （2）双行标题	关于××××的调查报告 ×××市大力发展职业教育 职校发展德育先行 ——××××职业学校德育实践思考
前言	为了××××××，我们开展了此项调查。本次调查对象为××市××职业学校的老师、学生和家长。共发放问卷××份，回收有效问卷××份。 调查时间：××××年××月××日—××××年××月××日 调查人员：×××等（组长：×××，采访：×××，资料整理分析：×××） 调查对象：×××校在校中职生、老师、家长 调查目的：×××××× 调查方法：访谈法、问卷调查法等

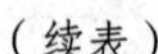
（续表）

提示	模板
正文	调查过程：×××××× 调查结果分析：×××××× 发现的问题：×××××× 建议：××××××
结语	请同学们以此为鉴，做到××××××，让我们成长的道路上洒满阳光。

五、写作实训

请从下列参考题中任选一个，以小组为单位，分工协作，展开调查。整理分析调查资料，根据所学知识，写一篇调查报告。

调查参考题：

（1）本班同学使用手机情况调查；

（2）本校同学课外阅读情况调查；

（3）本班同学业余爱好调查；

（4）本班同学对中华优秀传统文化了解情况调查；

（5）对其他在同学中引起强烈反响的现实问题的调查。

项目七 规章制度

训练目标及要求

一、了解制度、规定、条例、办法的含义、特点和作用；

二、熟悉制度、规定、条例、办法的结构和写法；

三、参考例文评析，掌握制度、规定的写作技巧；

四、根据写作模板，按照情境要求，学会写作制度和规定；

五、通过写作训练，增强制度意识，养成遵纪守法的好习惯。

任务一 制度

任务目标

1.了解制度的含义、特点；

2.掌握制度的格式和写法；

3.能根据模板拟定简单的制度；

4.增强制度意识。

一、任务情境

夏雪被选为班级生活委员，她要为班级制定班费管理制度、宿舍管理制度等一系列管理制度，为此，她查阅了大量资料，掌握了制度的相关知识。

二、知识点击

（一）制度的含义、特点和作用

1.制度的含义

制度是党政机关、团体、企事业单位及其部门制定的要求有关人员遵守和执行的准则。它应用广泛，各方面的工作都可以有相应的制度，如办公制度、车间管理制度等。

2.制度的特点

（1）规定性。制度按照所涉及事物的性质、范围，限定人们可以做什么，不可以做什么以及可以怎样做，不可以怎样做。

（2）程序性。制度要求人们做某种事情时，必须按照一定的规则、程序、方法进行。

3.制度的作用

制度是工作措施中的重要环节，是完成任务的重要保障，是鞭策激励人们遵守纪律，努力学习和工作的行为准则。

（二）制度的结构和写法

制度一般由标题、正文、签署三个部分组成。

1.标题

制度的标题一般有两种形式：

（1）制发单位＋事由＋文种。如《深圳三洋电子厂岗位责任制度》等。

（2）事由＋文种。如《车间考勤制度》等。

2.正文

正文是制度的主体部分，一般分三层表述：

一是序言，交代制定制度的指导思想和依据，以及目的、要求、适用范围等。一般用“特制定本制度”一语承上启下。

二是主体，即各项具体规定，具体说明工作程序和对有关人员的行为要求。这是制度的实质性内容，一般分条写明。

三是结尾，说明执行要求及生效日期。

有些内容复杂的制度，其正文可以分为总则、分则、附则三个部分。

制度正文的文字要明白易懂，具体准确，防止出现重复和无用的语句。

3.签署

签署即制发单位和日期。这一部分一般写在正文的右下方。如有必要，也可在标题下方正中加括号注明。

三、例文评析

××学校党员学习制度

为更好地学习宣传贯彻党的十九大精神，教育党员牢固树立全心全意为人民服务的意识，自觉在思想上、政治上和行动上始终与党中央保持高度一致，结合我校工作实际，特制定本制度。

一、学习内容

（一）习近平新时代中国特色社会主义思想及习近平总书记系列重要讲话。

（二）学习贯彻党的十九大精神。

（三）学习新党章，党的路线、方针、政策及决议（决定），党的基本知识。

（四）学习中央和省市区制定的相关法律、法规。

二、学习方法

（一）个人自学和小组集中学习相结合，坚持每周学习日制度（具体时间定为周一上午、周五下午）。

（二）集体讨论、中心发言和学习辅导相结合，开展讨论，举办专题讲座，进行学习心得体会交流。

（三）组织党员观看教育片。

三、组织安排

（一）每次集中学习活动由学校党总支宣传委员负责组织、召集。

（二）具体学习过程，根据学习内容由有关处室负责。

四、学习要求

（一）学校党总支宣传委员负责做好学习记录，个人记好学习笔记。

（二）学习要与实践紧密结合，每位党员每半年要根据所学内容，结合工作实际至少写一篇心得体会。

（三）要严格学习纪律，保证学习时间，因病、因事不能参加学习者，须请假。

本制度从发布之日起执行。学校全体党员要认真贯彻执行，各处室领导对本处室工作人员执行本制度负有领导、督促责任。

2017年12月6日

|评　析|

这是学校根据工作需要制定的一个简单的学习制度。标题由制发单位、事由、文种构成，正文包括序言、主体和结尾三个部分，序言简单交代了制定本制度的目的，主体分条写明了学习内容、学习方法、组织安排、学习要求等，结尾说明了本制度的生效日期及执行要求，内容具体清晰，语言简明。由于标题中出现了制发单位，所以右下角直接标明制发日期即可。整篇例文格式标准，内容完整，实用性强。

四、写作模板

提示	模板
标题 (1)制发单位+事由+文种 (2)事由+文种	××公司××××制度 ×××××××××制度
正文 序言（指导思想、目的、依据、适用范围） 主体（分条写明） 结尾（执行要求及生效日期）	为了×××××××××××，根据××××××××××，特制定本制度。 一、××××××××× 1.××××××××× 2.××××××××× 二、××××××××× 1.××××××××× 2.××××××××× 三、××××××××× 1.××××××××× 2.××××××××× 本制度自发布之日起执行。×××××××。
签署（右下角） 制发单位 日期	×××××× ××××年××月××日

五、写作实训

1.根据所学的相关知识，试着给自己的宿舍制定一份宿舍管理制度。

2.从制度的格式、内容、语言等角度分析下面这篇制度存在的问题，并提出修改意见。

公司考勤管理制度

第一条　为了加强公司考勤管理，督促员工养成自觉遵守纪律的好习惯，保证各项工作的正常开展，特制定本考勤制度。

第二条　本制度适用于公司全体员工。

第三条　公司员工除下列人员外，均应按规定上下班时间签到（打卡）：

1.因公出差人员。

2.因故请假人员。

3.临时事务，事后以文字形式说明事由经主管签字核准，将书面文件交予行政部存档、备查（注：必须当天或次日补上书面说明）。

第四条　上下班时间为上午8：30—12：00，下午1：00—5：00；具体公休时间以公司排班为准（注：下属机构工作时间以当地为准）。

第五条　公司员工一律实行上下班打卡、登记制度，当月考勤截止日期为每月月底；每日出勤规定打卡两次，正常打卡时间要求为早8：30前（上班前）和晚5：00后（下班后）（下属分支机构以当地为准）。

第六条　所有员工上下班均须亲自刷卡或签字登记，任何人不得代替他人或由他人代替打卡（代签字），如有违反，代打卡人（代签字人）和被代打卡人（被代签字人）均给予罚款100元的处罚，如再次违反者予以违纪处罚并罚款200元，第三次出现此违纪行为公司将考虑给予除名处罚。

第七条　未打卡者必须有真实合理的解释并在未打卡登记表上登记（有直接主管签字核实）。

（1）忘打卡者：将从当月的工资中扣除罚金10元/次；若因工作关系忘记打卡，需提供直接主管签字的书面证明，当天没有签字确认（后补的）需提供当天的工作证明及上级领导签字确认的说明单，否则均按缺勤处理。

（2）打卡机不识别：须及时在未打卡登记表上登记，并找本部门上级领导或者其他人证明在未打卡登记单上签字确认后，方可不做扣罚处理；若当时没有签字确认（后补）的也将被扣除罚金10元/次，并需提供当天的工作证明。

第八条　外出办理各项业务的员工必须填写外出登记单后，经直接主管签字核实后上报行政部，方能离开，不办理者，均按缺勤处理，如有特殊情况需经上级领导签字确认后方可生效，并报行政部备查。

第九条　统计人员伪造、涂改统计记录者当日一律按旷工处理。

第十条　员工出勤情况每月月底由行政部统计并交财务部一份，作为核发工资和绩效考核的依据。

第十一条　全年出勤率累计低于97%或事假超期者，不予考虑当年调资。

第十二条　员工旷工半天扣发当日工资，旷工一天扣发两日工资，连续旷工3天或全年累计旷工7天者应予解除劳动合同。

任务二　规定

任务目标

1.了解规定的含义、特点；

2.掌握规定的格式和写法；

3.能根据模板写作简单的规定；

4.养成遵规守纪的习惯。

一、任务情境

冬阳被选为班里的学习委员，他要协助老师为实验室制定管理规定。规定的相关知识有哪些呢？让我们和冬阳一起来学习吧。

二、知识点击

（一）规定的含义、特点和作用

1.规定的含义

规定是规范性公文中使用范围最广、使用频率最高的文种。它是领导机关对特定范围内的工作和事务制定相应措施，要求所属部门和下设机关贯彻执行的法规性公文。

2.规定的特点

（1）具有强制性或约束力。规定是规范人们思想、言论和行动的准则，一经公布，有关人员必须遵照执行。

（2）具有严格的制定程序。规定是严肃的规范文件，其制定要经过严格的程序。一般要经过起草、报送、审定、发布几个阶段才能生效。

（3）具有相对的稳定性。规定是以宪法、法律和政策为依据制定的，因此其内容不得与宪法、法律和上级机关颁布的法规、章程相矛盾、相抵触。作为准则和规范，其内容必须稳定，这样才便于人们遵照执行；不能动辄修改，让人无所适从。当然，这种稳定也是相对的，当规定已不适应社会发展需要时，应及时予以修改或撤销。

3.规定的作用

规定是局限于落实某一法律、法规，加强某项管理工作而制定的，具有较强的约束力，而且内容细致，可操作性较强。它也是部门规章和地方政府规章的主要形式。

（二）规定的结构和写法

规定一般由标题、正文、签署三个部分组成。

1.标题

规定标题的书写形式有两种：

（1）制发单位＋事由＋文种。如《国务院关于职工探亲待遇的规定》等。

（2）事由＋文种。如《互联网电子公告服务管理规定》等。

为了准确反映正文内容，标题可用限定性的词语修饰文种，如“规定”前加“试行”“暂行”“补充”“几项”“若干”等。

规定的标题之下写上标注，注明作出规定的日期。也有已经某行政机关发布命令或通知公布的规定，在命令或通知中已经发布公布日期可省略。

2.正文

规定正文的表述形式，一般采用条款式或章条式的形式，通常由总则、分则、附则三个部分构成。

（1）总则。总则是规定的第一部分，用来交代制定规定的缘由、依据、指导思想、目的、基本原则、适用范围等。总则一般自成一章，分为若干条。

（2）分则。分则分为若干章，每章有小标题，下列若干条款。分则是规定的主体，规定的实质性内容和要求都在分则部分集中表达，是写作的重点。

（3）附则。附则是规定的结尾部分，主要用来作补充说明以及交代执行要求，如还有什么单位和个人适用这一规定，规定的解释权属于哪一部门，规定何时生效等。

需要说明的是，如果内容简单，可以不分章，直接分条，总则、分则、附则三个部分不作外部标定，但三个部分必须仍然是清晰的。

3.签署

签署即制发单位和日期。这一部分一般写在正文的右下方。如标题下已标明发文日期的，可省去这一部分。

规定使用范围很广，行文时条理要清楚，逻辑性要强，措辞要庄重、准确、周密。

三、例文评析

关于实行党政领导干部问责的暂行规定

（2009年6月30日）

第一章　总　则

第一条　为加强对党政领导干部的管理和监督，增强党政领导干部的责任意识和大局意识，促进深入贯彻落实科学发展观，提高党的执政能力和执政水平，根据《中国共产党章程》《党政领导干部选拔任用工作条例》等党内法规和《中华人民共和国行政监察法》《中华人民共和国公务员法》等国家法律法规，制定本规定。

第二条　本规定适用于中共中央、国务院的工作部门及其内设机构的领导成员；县级以上地方各级党委、政府及其工作部门的领导成员，上列工作部门内设机构的领导成员。

第三条　对党政领导干部实行问责，坚持严格要求、实事求是，权责一致、惩教结合，依靠群众、依法有序的原则。

第四条　党政领导干部受到问责，同时需要追究纪律责任的，依照有关规定给予党纪政纪处分；涉嫌犯罪的，移送司法机关依法处理。

第二章　问责的情形、方式及适用

第五条　有下列情形之一的，对党政领导干部实行问责：

（一）决策严重失误，造成重大损失或者恶劣影响的；

（二）因工作失职，致使本地区、本部门、本系统或者本单位发生特别重大事故、事件、案件，或者在较短时间内连续发生重大事故、事件、案件，造成重大损失或者恶劣影响的；

（三）政府职能部门管理、监督不力，在其职责范围内发生特别重大事故、事件、案件，或者在较短时间内连续发生重大事故、事件、案件，造成重大损失或者恶劣影响的；

（四）在行政活动中滥用职权，强令、授意实施违法行政行为，或者不作为，引发群体性事件或者其他重大事件的；

（五）对群体性、突发性事件处置失当，导致事态恶化，造成恶劣影响的；

（六）违反干部选拔任用工作有关规定，导致用人失察、失误，造成恶劣影响的；

（七）其他给国家利益、人民生命财产、公共财产造成重大损失或者恶劣影响等失职行为的。

第六条（略）

…………

第十条（略）

第三章　实行问责的程序

第十一条（略）

…………

第二十三条（略）

第四章　附　则

第二十四条　对乡（镇、街道）党政领导成员实行问责，适用本规定。

对县级以上党委、政府直属事业单位以及国有企业、国有金融企业领导人员实行问责，参照本规定执行。

第二十五条　本规定由中央纪委、中央组织部负责解释。

第二十六条　本规定自发布之日起施行。

|评　析|

本文正文采用的是章条式，写了总则、分则和附则三部分内容。总则交代了制定本规定的目的和依据、适用范围、基本原则等内容。分则分两章（第二、三章），分别写了问责的情形、方式及适用范围，问责的程序等。附则部分补充说明还有哪些人适用本规定、本规定的解释权及施行时间。整篇例文范围清楚，要求明确，表达准确，内容完整，一目了然。

四、写作模板

（一）章条式

提示	模板
标题 （1）制发单位＋事由＋文种 （2）事由＋文种	××关于××××的规定 （××××年××月××日通过） ×××××××××的规定
正文 （1）总则（制定规定的缘由、依据、指导思想、目的、基本原则、适用范围等） （2）分则（规定的实质性内容和要求都在分则部分集中表达，是写作的重点所在） （3）附则（补充说明以及交代执行要求）	第一章　总则 第一条　根据××××××（依据），为了×××（目的主旨），特制定××如下（意图、主旨兼过渡语）。 第二条　凡××××××，××××××。（范围对象） 第三条　××××××是××××××。（定义） 第四条　××××××由××××××负责。（主管部门） 第二章　分则 第五条　××××××，××××××。（具体规范） …… 第×章　附则 第××条　本规定由××××负责解释。（施行方式） 第××条　本规定自××××年××月××日起施行。（施行日期）
签署（右下角，有的可省去） 制发单位 日期	 ×××× ××××年××月××日

（二）条款式

××关于××××的规定

（××××年××月××日通过）

第一条　根据××××××（依据），为了××××××（目的、主旨），特制定××如下（意图主旨兼过渡语）。

第二条　凡××××××，××××××。（范围对象）

第三条　××××××是××××××。（定义）

第四条　××××××由××××××负责。（主管部门）

第五条　××××××，××××××。（具体规范）

…………

第××条　本规定由××××负责解释。（施行方式）

第××条　本规定自××××年××月××日起施行。（施行日期）

五、写作实训

1.根据所学规定相关知识，结合所学专业，为某实验室拟写一份实验室管理规定。

2.比照所学规定的格式和写法，分析下面这篇例文。

关于党和国家工作人员操办
婚丧喜庆事宜的暂行规定

为严格规范党和国家工作人员操办婚丧和其他喜庆事宜，倡导移风易俗，促进党风廉政建设，根据中央和省委关于加强廉洁自律、改进作风、制止奢侈浪费有关规定，结合本省实际，制定本规定。

第一条　不准大操大办婚丧和其他喜庆事宜。

婚礼宴请人数一般不得超过200人（20桌），婚嫁双方同城合办婚宴的，宴请人数不得超过300人（30桌）。葬礼应从严控制规模。

除婚礼、葬礼外，其他喜庆事宜禁止以任何方式邀请和接受亲戚（直系亲属、三代以内旁系亲属及近姻亲，以下同）以外人员参加。

第二条　不准收受或者变相收受任何单位和亲戚以外人员的礼金及贵重礼品。

第三条　禁止由任何单位或者个人支付应由本人承担的操办费用。

第四条　禁止动用执法执勤等特种车辆，不准违规动用公务用车。婚礼车队和殡葬车队规模不得超过8辆。

第五条　不准给亲戚以外操办婚丧和其他喜庆事宜的党和国家工作人员送礼金及贵重礼品。

第六条　党和国家工作人员应当在操办婚礼10个工作日前向本级或者本单位纪检监察机关（机构）报告，说明操办事宜、时间、地点、邀请人数及范围等情况，承诺遵守相关纪律，并于事后10个工作日内报告遵守承诺情况。操办葬礼的，应于事后10个工作日内报告实际情况。各级党委、人大、政府、政协主要负责人操办婚丧事宜，应向上级纪委报告。

第七条　党和国家工作人员违反第一条至第六条规定的，视情节轻重，给予批评教育、组织处理；构成违纪的，给予党纪政纪处分。违规收受的礼金及贵重礼品，一律收缴。

第八条　对党和国家工作人员违反本规定的行为不制止、不查处，或者制止、查处不力的，依据党风廉政建设责任制规定，对单位主要领导和分管领导予以问责，并取消单位当年评先评优资格。

第九条　本规定所称党和国家工作人员，包括党的工作人员和国家工作人员。党的工作人员，是指党的各级机关中除工勤人员以外的工作人员和党的基层组织中专职、兼职从事党内事务的人员。国家工作人员，是指国家机关中从事公务的人员，国有企业（公司）、事业单位、人民团体中从事公务的人员，国家机关、国有企业（公司）、事业单位委派到非国有企业（公司）、事业单位、社会团体从事公务的人员，以及其他依照法律从事公务的人员。

村民委员会和社区居委会工作人员参照执行本规定。

第十条　本规定自2013年11月1日起施行。《关于严禁领导干部利用婚丧嫁娶喜庆事宜大操大办借机敛财的规定》（湘纪发〔2005〕12号）同时废止。

中共湖南省纪委办公厅
2013年9月25日印发

任务三　条例

任务目标

1.了解条例的含义、特点、作用；

2.熟悉条例的结构和写法。

一、任务情境

文秘专业的夏雪被安排到一家企业的人事部实习。人事部经理要求她带领新入职员工学习国家颁布的一系列有关企业职工劳动保护、奖惩的法规性文件，夏雪赶紧翻书重温相关条例的知识，以做到心中有数。

二、知识点击

（一）条例的含义、特点和作用

1.条例的含义

条例是国家权力机关或行政机关依照政策和法令而制定并发布的，针对政治、经济、文化等各个领域内的某些具体事项而做出的，比较全面系统、具有长期执行效力的法规性公文。

条例是法的表现形式之一，具有法的效力，是从属于法律的规范性文件，违反条例将承担法律责任。

2.条例的特点

（1）权威性。条例的制定者，是国家权力机关或行政机关，因此具有权威性。条例一经颁布，受文者必须执行。

（2）稳定性。条例是为保证某个领域的工作顺利开展而制定的，是比较长期实行的行为准则，在一定时期内相对稳定。

3.条例的作用

条例用于规定比较长期实行的有关国家政治、经济和文化等方面的准则与要求，或规定某一机关的组织、职权以及某些专门人员的任务和权限等内容的规范类公文，既有法律的指导作用，又有严格的法律约束力，是机关、单位、个人在有关方面的行为准则。

（二）条例的结构和写法

条例一般由标题和正文两个部分组成。

1.标题及制发时间

条例标题的书写形式有两种：

（1）制发单位＋事由＋文种。如《中华人民共和国治安管理处罚法》等。

（2）事由＋文种。如《机关团体建设楼堂馆所管理条例》等，这是更为普遍的一种标题写法。这种标题中不标明制发单位，必须在正文之后增加落款，署上发文单位和日期。

独立发布的条例，要在标题之下正中位置，加括号标明制发单位和制发时间，如“（中共中央纪律检查委员会2016年2月16日印发）”。用命令、通知等文种予以发布的条例，条例本身不显示制发时间，以命令或通知规定的发文时间为准。如《志愿服务条例》，2017年8月22日国务院总理签署的国务院第685号令里标明“自2017年12月1日起施行”，该条例的制发时间就是2017年12月1日。

2.正文

条例的正文，通常由总则、分则、附则三个部分构成。

（1）总则。总则或相当于总则的部分，多有一段导入语，简要说明条例制发的目的、意义、法律依据、适用范围等。

（2）分则。分则是分章节或条目分列条例具体内容的部分。

（3）附则。附则部分是对分则的补充说明，多用以说明条例的生效日期、适用对象、解释权限，以及与相关的法令政策的关系等。

内容比较简单的条例，直接分条目列述即可。

条例是国家法令政策的具体阐释和补充，本身也具有法令的权威性和严肃性。写作条例，首先要正确把握其法律依据和界限；其次要严密准确，不能含糊和有漏洞；再次是“条”“例”结合，“条文”是政策和法令，“例设”是补充与具体解释，前者要概括，后者须具体明确；最后，条例的结构要条理井然，语言要鲜明准确。

三、例文评析

中华人民共和国国务院令

第656号

现公布《不动产登记暂行条例》，自2015年3月1日起施行。

总理 李克强

2014年11月24日

不动产登记暂行条例

第一章 总 则

第一条 为整合不动产登记职责，规范登记行为，方便群众申请登记，保护权利人合法权益，根据《中华人民共和国物权法》等法律，制定本条例。

第二条 本条例所称不动产登记，是指不动产登记机构依法将不动产权利归属和其他法定事项记载于不动产登记簿的行为。

本条例所称不动产，是指土地、海域以及房屋、林木等定着物。

第三条 不动产首次登记、变更登记、转移登记、注销登记、更正登记、异议登记、预告登记、查封登记等，适用本条例。

第四条（略）

…………

第七条（略）

第二章 不动产登记簿

第八条 不动产以不动产单元为基本单位进行登记。不动产单元具有唯一编码。

不动产登记机构应当按照国务院国土资源主管部门的规定设立统一的不动产登记簿。

不动产登记簿应当记载以下事项：

（一）不动产的坐落、界址、空间界限、面积、用途等自然状况；

（二）不动产权利的主体、类型、内容、来源、期限、权利变化等权属状况；

（三）涉及不动产权利限制、提示的事项；

（四）其他相关事项。

第九条（略）

…………

第十三条（略）

第三章　登记程序

第十四条　因买卖、设定抵押权等申请不动产登记的，应当由当事人双方共同申请。

属于下列情形之一的，可以由当事人单方申请：

（一）尚未登记的不动产首次申请登记的；

（二）继承、接受遗赠取得不动产权利的；

（三）人民法院、仲裁委员会生效的法律文书或者人民政府生效的决定等设立、变更、转让、消灭不动产权利的；

（四）权利人姓名、名称或者自然状况发生变化，申请变更登记的；

（五）不动产灭失或者权利人放弃不动产权利，申请注销登记的；

（六）申请更正登记或者异议登记的；

（七）法律、行政法规规定可以由当事人单方申请的其他情形。

第十五条（略）

…………

第二十二条（略）

第四章　登记信息共享与保护

第二十三条　国务院国土资源主管部门应当会同有关部门建立统一的不动产登记信息管理基础平台。

各级不动产登记机构登记的信息应当纳入统一的不动产登记信息管理基础平台，确保国家、省、市、县四级登记信息的实时共享。

第二十四条（略）

…………

第二十八条（略）

第五章 法律责任

第二十九条 不动产登记机构登记错误给他人造成损害，或者当事人提供虚假材料申请登记给他人造成损害的，依照《中华人民共和国物权法》的规定承担赔偿责任。

第三十条（略）

…………

第三十二条（略）

第六章 附 则

第三十三条 本条例施行前依法颁发的各类不动产权属证书和制作的不动产登记簿继续有效。

不动产统一登记过渡期内，农村土地承包经营权的登记按照国家有关规定执行。

第三十四条 本条例实施细则由国务院国土资源主管部门会同有关部门制定。

第三十五条 本条例自2015年3月1日起施行。本条例施行前公布的行政法规有关不动产登记的规定与本条例规定不一致的，以本条例规定为准。

|例文评析|

这篇条例篇幅不算太长，但内容全面，整个结构也非常具有代表性，其写作思路是值得借鉴的。首先，它的签署放在正文之前，作为单独一个部分，比较清楚。第一章为总则，说明制定条例的目的，并对不动产的含义、条例的适用范围、登记遵循的原则、登记的机构等作出了明确的解释。第二章至第五章则对不动产登记使用的登记簿、登记的程序、信息共享、法律责任等方面作出了规定和解释。最后一章是附则，补充说明条例实施前相关问题的处理办法及条例的实施日期。

四、写作模板

（一）章条式

提示	模板
标题及签署 （1）制发单位＋事由＋文种 （2）事由＋文种	××××（单位）××××（事由）条例 （××××年××月××日××发布） ×××××××××条例
正文 （1）总则（简要说明条例制发的目的、意义、法律依据、适用范围等） （2）分则（分章节或条目分列条例的具体内容） （3）附则（说明条例的生效日期、适用对象、解释权限，以及与相关的法令政策的关系等）	第一章　总则 第一条　根据××××××（依据），为了××××××（目的主旨），特制定××如下（意图、主旨兼过渡语）。 第二条　凡××××××，××××××。（范围对象） 第三条　××××××是××××××。（定义） 第四条　××××××由××××××负责。（主管部门） 第二章　分则 第×条　××××××，××××××。（具体规范） …… 第×章　附则 第××条　本条例由××××负责解释。（施行方式） 第××条　本条例自××××年××月××日起施行。（施行日期）
签署（右下角，有的可省去） 制发单位 日期	××××××××× ××××年××月××日

（二）条款式

××××（单位）××××（事由）条例

（××××年××月××日通过）

第一条　根据××××××（依据），为了××××××（目的主旨），特制定××如下（意图主旨兼过渡语）。

第二条　凡××××××，××××××。（范围对象）

第三条　××××××是××××××。（定义）

第四条　××××××由××××××负责。（主管部门）

第五条　××××××，××××××。（具体规范）

……

第××条 本条例由××××负责解释。（施行方式）

第××条 本条例自××××年××月××日起施行。（施行日期）

五、写作实训

1.××市准备于近期出台《××市社会工作者条例》，你认为该条例应有哪些方面的内容？

2.比照所学条例的格式和写法，分析下面这篇例文。

中华人民共和国国务院令

第514号

《职工带薪年休假条例》已经2007年12月7日国务院第198次常务会议通过，现予公布，自2008年1月1日起施行。

总理 温家宝

二〇〇七年十二月十四日

职工带薪年休假条例

第一条 为了维护职工休息休假权利，调动职工工作积极性，根据劳动法和公务员法，制定本条例。

第二条 机关、团体、企业、事业单位、民办非企业单位、有雇工的个体工商户等单位的职工连续工作1年以上的，享受带薪年休假（以下简称年休假）。单位应当保证职工享受年休假。职工在年休假期间享受与正常工作期间相同的工资收入。

第三条 职工累计工作已满1年不满10年的，年休假5天；已满10年不满20年的，年休假10天；已满20年的，年休假15天。

国家法定休假日、休息日不计入年休假的假期。

第四条 职工有下列情形之一的，不享受当年的年休假：

（一）职工依法享受寒暑假，其休假天数多于年休假天数的；

（二）职工请事假累计20天以上且单位按照规定不扣工资的；

（三）累计工作满1年不满10年的职工，请病假累计2个月以上的；

（四）累计工作满10年不满20年的职工，请病假累计3个月以上的；

（五）累计工作满20年以上的职工，请病假累计4个月以上的。

第五条　单位根据生产、工作的具体情况，并考虑职工本人意愿，统筹安排职工年休假。

年休假在1个年度内可以集中安排，也可以分段安排，一般不跨年度安排。单位因生产、工作特点确有必要跨年度安排职工年休假的，可以跨1个年度安排。

单位确因工作需要不能安排职工休年休假的，经职工本人同意，可以不安排职工休年休假。对职工应休未休的年休假天数，单位应当按照该职工日工资收入的300%支付年休假工资报酬。

第六条　县级以上地方人民政府人事部门、劳动保障部门应当依据职权对单位执行本条例的情况主动进行监督检查。

工会组织依法维护职工的年休假权利。

第七条　单位不安排职工休年休假又不依照本条例规定给予年休假工资报酬的，由县级以上地方人民政府人事部门或者劳动保障部门依据职权责令限期改正；对逾期不改正的，除责令该单位支付年休假工资报酬外，单位还应当按照年休假工资报酬的数额向职工加付赔偿金；对拒不支付年休假工资报酬、赔偿金的，属于公务员和参照公务员法管理的人员所在单位的，对直接负责的主管人员以及其他直接责任人员依法给予处分；属于其他单位的，由劳动保障部门、人事部门或者职工申请人民法院强制执行。

第八条　职工与单位因年休假发生的争议，依照国家有关法律、行政法规的规定处理。

第九条　国务院人事部门、国务院劳动保障部门依据职权，分别制定本条例的实施办法。

第十条　本条例自2008年1月1日起施行。

任务四 办法

任务目标

1. 了解办法的含义、特点、作用；

2. 熟悉办法的结构和写法。

一、任务情境

夏雪带领新入职员工学完国家颁布的和新员工有关的法规性文件后，还要带领新员工学习企业内部的一系列管理制度和办法。夏雪又借此机会复习了相关知识。

二、知识点击

（一）办法的含义、特点和作用

1.办法的含义

办法是行政机关、企事业单位根据党和国家的方针、政策及有关法规、规定，就某一方面的工作或问题提出具体做法和要求的文件。

2.办法的特点

办法在内容上具有管理性，在写法上具有具体性，在效用上具有实践性和试行性。

（1）管理性。办法是对某方面的工作提出管理法则，它侧重于对有关事项的落实、问题的解决制定标准、提出做法。

（2）具体性。办法因其内容要求具体化，在写法上侧重于对某项工作的做法、措施、步骤、程序、标准一一作出说明，要求条文清晰，表述明确具体。

（3）实践性和试行性。办法的涉及面比条例和规定窄，同时不少办法属于实践探索阶段的产物，成熟程度也比其他法规性文书低，其现实效用多在于指导实践、规范某项工作。

3.办法的作用

事情无论大小，都要有法可依。办法的应用范围广泛，使用率高，特别是在我国法制建设一步步完善，人们的法制观念一步步提升的当下阶段，自觉守法已逐步成为人们行动的准则。办法可以用于指导实施国家的某一法律、条例，也可以对某项工作作出具体规定。

（二）办法的结构和写法

办法一般由标题及题下标示、正文两部分组成。

1.标题及题下标示

办法标题的书写形式有两种：

（1）制发单位＋事由＋文种。如《中华人民共和国海关对保税物流园区的管理办法》等。

（2）事由＋文种。如《无证无照经营查处办法》。办法如属“试行”“暂行”的，要在标题中标明；属会议通过或需标明发布日期的，可在标题下加括号注明。也有的办法在题下标示中同时标明发文机关名称，但这时不能再在标题或落款中重复出现发文单位名称。而有的办法随“命令（令）”等文种同时发布，此时可以不用在标题下标注制发时间和依据。

3.正文

办法的正文一般由三个部分组成：办法的制发缘由、办法的具体内容、结语或附则。制发缘由指制定办法的依据、目的；具体内容为办法正文的主体；结束语常用以说明办法的适用范围、实施日期、要求、解释权等。

办法内容复杂的，可分总则、分则、附则三个部分；内容简单的，通常用分条列述的写法。

办法的制定依据往往是上级机关的法令、决议、条例等。具体明确、实践性强、切实可行是办法写作的基本要求。办法的内容侧重在行政约束力和具体指导上，条款要详细、具体，用语要恰当、严密。在结构上，内容庞杂的办法可分章叙写，章断条连，一般的办法分条叙写即可。

三、例文评析

中等职业学校免学费补助资金管理办法

第一条　为了规范中等职业学校免学费补助资金管理，确保免学费政策顺利实施，根据国家有关法律制度规定，制定本办法。

第二条　本办法所称中等职业学校是指经政府有关部门依法批准设立，实施全日制中等学历教育的各类职业学校，包括公办和民办的普通中专、成人中专、职业高中、技工学校和高等院校附属的中专部、中等职业学校等。

第三条　中等职业学校免学费补助资金是指中等职业学校学生享受免学费政策后，为弥补学校运转出现的经费缺口，财政核拨的补助资金。

第四条　中等职业学校免学费补助资金由中央和地方财政共同承担，省级财政统筹落实，省和省以下各级财政根据各省（区、市）人民政府及其价格主管部门批准的公办中等职业学校学费标准予以补助。

第五条　中央财政统一按每生每年平均2000元测算标准和一定比例与地方财政分担，具体分担比例为：西部地区，不分生源，分担比例为8∶2；中部地区，生源地为西部地区的，分担比例为8∶2，生源地为其他地区的，分担比例为6∶4；东部地区，生源地为西部地区和中部地区的，分担比例分别为8∶2和6∶4，生源地为东部地区的，分担比例分省确定。

第六条　中等职业学校免学费资金的补助方式为：第一、二、三学年因免除学费导致公办学校运转出现的经费缺口，由财政按照享受免学费政策学生人数和免学费标准补助学校。

对在职业教育行政管理部门依法批准、符合国家标准的民办学校就读的一、二、三年级符合免学费政策条件的学生，按照当地同类型同专业公办学校免除学费标准给予补助。民办学校经批准的学费标准高于补助的部分，学校可以按规定继续向学生收取。

计算公式为：

某省份中央财政应承担的免学费补助资金＝该省份享受免学费政策学生人数×免学费补助测算标准×中央财政分担比例

第七条　财政部、教育部、人力资源和社会保障部于每年全国人民代表大会批准中央预算后90日内正式下达免学费补助资金预算。每年10月31日前，向各省份提前下达下一年度免学费补助资金预计数。省级财政、教育、人力资源和社会保障部门在收到免学费补助资金（含提前下达预计数）后，应当在30日内按照预算级次将预算合理分配、及时下达，并抄送财政部驻当地财政监察专员办事处。

第八条　中等职业学校应当根据本办法和各地制定的免学费实施细则，受理学生申请，组织初审，并通过全国中等职业学校学生管理信息系统和技工学校学生管理信息系统报至同级学生资助管理机构审核、汇总。学生资助管理机构将审核结果在相关学校内进行不少于5个工作日的公示。

第九条　中等职业学校免学费工作实行学校法人代表负责制，校长是第一责任人，对学校免学费工作负主要责任。中等职业学校应当加强财务管理，建立规范的预决算制度，按照预算管理的要求，编制综合预算，收支全部纳入学校预算管理，年终应当编制决算。

第十条　各地职业教育行政管理部门应当加强学生学籍管理，建立健全学生信息档案，保证享受免学费政策的学生信息完整和准确。

第十一条　每年春季学期开学前，各地职业教育行政管理部门应当对中等职业学校办学资质进行全面清查并公示，对年检不合格的学校，取消其享受免学费补助资金的资格。各地职业教育行政管理部门应当根据《民办教育促进法》的规定，加强对民办中等职业学校的监管，纳入免学费补助范围的民办学校名单由省级教育和人力资源社会保障部门负责审定。

第十二条　财政部、教育部、人力资源和社会保障部根据工作需要适时开展监督检查和绩效管理。地方各级财政、教育、人力资源和社会保障部门应当加强免学费补助资金的监督检查和绩效管理，建立健全全过程预算绩效管理机制，不断提高资金使用效益，并按照规定做好信息公开工作。财政部驻各地财政监察专员办事处应当按照工作职责和财政部要求，对免学费补助资金实施监管。对于挤占、挪用、虚列、套取免学费补助资金等行为，将按照《预算法》、《财政违法行为处罚处分条例》等国家有关法律规定严肃处理。

第十三条　各级财政、教育、人力资源和社会保障部门及其工作人员在免学费补助资金分配方案的制定和复核过程中，违反规定分配免学费补助资金或者向不符合条件的单位分配免学费补助资金以及滥用职权、玩忽职守、徇私舞弊的，按照《预算法》、《公务员法》、《行政监察法》、《财政违法行为处罚处分条例》等国家有关法律规定追究责任；涉嫌犯罪的，移送司法机关处理。

第十四条　本办法由财政部、教育部、人力资源和社会保障部负责解释。各省（区、市）可依据本办法制定实施细则，并报财政部、教育部、人力资源社会保障部备案。

第十五条　本办法自2017年1月1日起施行。原《中等职业学校免学费补助资金管理办法》（财教〔2013〕84号）同时废止。

| 例文评析 |

这篇办法内容比较简单，所以采用分条列述的写法。这种写法最能体现办法的文件结构特点，既无前言、结语，也无总则、分则、附则。从头到尾，用“条”通下来，依次排列。全文内容完备规范，切实可行；篇章条理清楚；文字简练准确，是办法写作的一篇很好的案例。

四、写作模板（条文式）

××××（单位）××××（事由）办法

（××××年××月××日通过）

第一条　根据××××××（依据），为了××××××（目的主旨），特制定××如下（意图主旨兼过渡语）。

第二条　凡××××××，××××××。（范围对象）

第三条　××××××是××××××。（定义）

第四条　××××××由××××××负责。（主管部门）

第五条　××××××，××××××。（具体规范）

…………

第××条　本办法由××××负责解释。（施行方式）

第××条　本办法自××××年××月××日起施行。（施行日期）

五、写作实训

1.如今，中职生已普遍拥有手机，但由于缺乏自控力，很多学生过度使用手机，直接影响到自身的学习和成长。请你参照所学办法相关知识，结合自身情况，为班里制定一份《××班手机管理办法》。

2.比照所学办法的格式和写法，分析下面这篇例文。

××市××区人民政府任命的国家工作人员
宪法宣誓实施办法（试行）

为激励和教育国家工作人员忠于宪法、遵守宪法、维护宪法、依法履职尽责，推进法治政府建设，根据《全国人民代表大会常务委员会关于实行宪法宣誓制度的决定》《××省实施宪法宣誓制度办法》和《××市人民政府任命的国家工作人员宪法宣誓实施办法（试行）》（×政办字〔2017〕104号），制定本实施办法。

一、宣誓人员范围

区政府任命的区政府办公室副主任、各科室主任，区政府工作部门副职，区政府派出机构、直属事业单位副科级以上领导职务的国家工作人员，在任命后公开进行宪法宣誓。

二、宣誓誓词

我宣誓：忠于中华人民共和国宪法，维护宪法权威，履行法定职责，忠于祖国、忠于人民，恪尽职守、廉洁奉公，接受人民监督，为建设富强、民主、文明、和谐的社会主义国家努力奋斗！

三、宣誓场所要求

宣誓场所要庄重、严肃，悬挂中华人民共和国国旗或者国徽。设立宪法宣誓台，宣誓台中心位置摆放《中华人民共和国宪法》。

四、宣誓组织

区政府任命的国家工作人员的宪法宣誓仪式，由区长或受区长委托的副区长监誓，区政府办公室主任或办公室副主任主持。宣誓仪式在区政府办公室举行，由区政府办公室会同区人力资源和社会保障局组织。区政府办公室保留宣誓仪式影像资料。

五、宣誓程序

宣誓仪式按照以下程序进行：

（一）主持人宣布宪法宣誓仪式开始；

（二）主持人宣读区政府任命通知或任命人员名单；

（三）全体起立，奏唱中华人民共和国国歌；

（四）宣誓人在监誓人监誓下进行宪法宣誓；

（五）主持人宣布宪法宣誓仪式结束。

宣誓仪式一般采取集体宣誓形式，根据区政府任命国家工作人员情况及时分批组织；根据需要，也可采取单独宣誓形式。

集体宣誓时，由宣誓仪式组织单位在宣誓人中指定一名领誓人。领誓人在宣誓台后方面向国旗或者国徽站立，其他宣誓人在领誓人身后整齐站立。领誓人左手抚按《中华人民共和国宪法》，右手举拳，逐句领诵誓词；其他宣誓人左手自然下垂，右手举拳，齐声跟诵誓词。誓词诵读完毕，领誓人和其他宣誓人依次报出姓名。

单独宣誓时，宣誓人面向国旗或者国徽站立，左手抚按《中华人民共和国宪法》，右手举拳，诵读誓词。誓词诵读完毕，宣誓人报出姓名。

六、其他要求

（一）宣誓时，监誓人、主持人、宣誓人应当着正装或职业制式服装，要求整洁、得体。

（二）宣誓人员应当按时参加宪法宣誓仪式，如有特殊情况，须书面报告宣誓仪式组织单位。

（三）已参加过宪法宣誓的国家工作人员兼任其他职务或者交流担任同一级别职务的，视情况进行宪法宣誓。

（四）根据宣誓仪式规模，宣誓人员所在单位可选派代表参加并见证宣誓。

（五）镇人民政府、街道办事处可参照本办法，制定本人民政府、街道办事处任命的国家工作人员宪法宣誓具体实施办法。

本实施办法自2018年1月1日起施行，有效期至2019年12月31日。

××市××区人民政府办公室

2018年1月22日

项目八　诉讼维权

训练目标及要求

一、了解起诉状、上诉状、答辩状的概念、分类、特点和作用；

二、通过例文和评析，熟悉上述法律应用文的结构和写法，掌握其写作技巧；

三、能够根据情境要求，独立完成起诉状、上诉状、答辩状的写作；

四通过写作训练，巩固法律类应用文的写作技能，增强遵纪守法观念和维权意识。

任务一　起诉状

任务目标

1.了解起诉状的概念、写作格式和要求；

2.掌握起诉状的写作技巧；

3.学会写作起诉状。

一、任务情境

××公司的班车在上班途中意外与另外一家公司的货车相撞，除班车司机受一点轻伤外，其他人员均无伤亡。但是，××公司的班车严重损坏，双方就事故的处理以及损失的赔偿等情况多次协商都没有达成一致，于是诉诸法律。

二、知识点击

(一)起诉状的含义、分类、特点和作用

1.起诉状的含义和分类

起诉状亦称“诉状”，是指公民或法人因自身合法权益遭受侵害而向人民法院提起诉讼请求的文书。根据诉讼的性质和目的不同，起诉状可以分为刑事自诉状、民事起诉状、行政起诉状三类。

2.起诉状的特点和作用

(1)刑事自诉状

被害人或其法定代理人，直接向人民法院起诉提请审判的刑事案件，称自诉案件。刑事自诉案件的自诉人直接向人民法院控告被告人侵犯自身权益，请求追究其刑事责任的书状，称为刑事诉状。这种刑事诉状通常被称为“刑事自诉状”，以区别于绝大多数刑事诉讼案件中由国家公诉机关——检察机关提起公诉时的“起诉书”。

刑事自诉状具有以下特点：

第一，必须是被害人或其法定代理人提起自诉的书状。提起刑事自诉的人，称为自诉人。

第二，被告人(即被起诉、被控告的人)的行为必须构成犯罪。

第三，刑事自诉状是向对案件有管辖权的第一审人民法院起诉的书状。

第四，必须是对法定的自诉案件提起诉讼的书状，即对告诉才处理或其他不需要进行侦查的轻微刑事案件提起自诉的书状。

刑事自诉状的作用在于向人民法院提起诉讼，通过刑事自诉状，把案件的犯罪事实叙述清楚，把起诉的理由和法律依据讲明白，把诉讼的目的和请求告诉法院。所以，刑事自诉状是人民法院对案件进行审理的依据和基础。

(2)民事起诉状

民事案件的原告或其诉讼代理人，就有关民事权利和义务的争议，向受理案件的第一审人民法院起诉，要求依法处理而送交的书状，称为民事诉状，又称“民事起诉状”。

民事起诉状具有以下特点：

第一，必须是由与本案有直接利害关系的人提起的。

第二，必须是向有权受理案件的第一审人民法院提起的。

第三，争执焦点是民事权益或者其他民事纠纷，如财产所有权、财产继承权、知识产权、债权、经济合同纠纷、婚姻家庭纠纷等，属于民法、经济法、婚姻法等所调整的范围。

民事起诉状是人民法院对案件进行审理和调解的依据。

（3）行政起诉状

公民、法人或者其他组织（或其诉讼代理人）认为行政机关和行政机关工作人员的具体行政行为侵犯合法权益，向受理案件的第一审人民法院起诉，要求依法处理而送交的书状，称为行政诉状，又叫“行政起诉状”。

行政起诉状具有以下特点：

第一，必须是由与本案有直接利害关系的公民、法人或其他组织提起的。

第二，必须是向有权受理本案的第一审人民法院提起的。

第三，行政诉讼的对象是行政机关和行政机关工作人员的具体行政行为，主要包括涉及行政处罚和行政强制执行的纠纷、涉及行政管理行为引起的纠纷。

行政起诉状是人民法院对案件进行审理的依据和基础。

（二）起诉状的结构和写法

在写作格式上，刑事自诉状、民事起诉状与行政起诉状这几类诉状基本相同，由首部、请求事项、事实和理由、尾部和附项四个部分组成。

1.首部

首部包括两项内容，即标题和当事人身份等基本信息。

（1）标题：按诉讼内容、性质，直接写“刑事自诉状”“民事起诉状”或“行政起诉状”。需要注意的是，民事起诉状不必再加注“经济合同纠纷”“离婚”“财产继承”等字样。

（2）当事人身份的基本状况：按当事人一人一段排列，在每人姓名前，要标明这个当事人的称谓，即其在诉讼中的地位，是“自诉人”还是“被诉人”。

在刑事自诉状中，首先列出自诉人的姓名、性别、年龄、民族、籍贯、职业和住址。

自诉人如果有代理人的，在列过自诉人以后，紧接着另起一行列出代理人的称谓，是法定代理人、指定代理人还是委托代理人。在称谓之后，列出该代理人的姓名、性别、年龄、民族、籍贯、职业和住址，与被代理人的关系。再列写被告人的姓名、性别、年龄、民族、籍贯、职业和住址。

如果自诉人和被告人不止一人，应根据主次情况等按顺序排出。先将自诉人一一列出，然后再逐一列写被告人。

民事起诉状一般都由人民法院提供专用的封面，当事人只需在原告栏目内和被告栏目内，分别写明原告、被告的姓名、性别、年龄、民族、籍贯、职业、工作单位和住址等项目。原告、被告不只一人的，则分别写明其基本情况。

如果当事人是企业事业单位、机关、团体（法人）的，则先写其名称、地址，如属企业，应写明其经营范围、银行账号及电话号码等。后写法定代表人（法人代表）的姓名、职务。如果法定代表人委托律师为诉讼代理人，则在其下一行写明委托代理人姓名及工作单位。

行政起诉状的被告只能是行使国家行政管理职权的行政机关，所以被告方只需写出机关名称、主要行政负责人。

2.请求事项

在刑事自诉状中，请求事项可以显示“案由”，相当于行政公文的“事由”。请求事项主要写明被告人的罪名和向人民法院提出的请求。

在具体写法上，请求事项要写得明确、具体；认定被告人的犯罪性质，确定其罪名，应以刑法有关条款为依据；文字要力求简明扼要、清楚准确。

刑事自诉状涉及的案件，一般可分为两种情况：一是只要求追究刑事责任；二是既要求追究被告人的刑事责任，还附带提起民事诉讼，要求被告人赔偿损失。以后者为例，其请求事项可分条款列出：被告人犯伤害罪，请求依法判处；自诉人医疗费××元，营养费××元，误工经济损失××元，共计××元，全部由被告人承担。

在民事起诉状的请求事项里，主要写明请求解决的诉讼标的（即争议的权益和争议的事务），以及请人民法院依法判处。如遗产继承案件，则要写明遗产情况、如何分割以及向法院的请求。例如：“要求与被告共同继承父母一套80m^2的三居室住房和×万元存款遗产，请人民法院依法判决。”相对于刑事自诉状，民事起诉状的请求事项要求写得更细一些，具体说来：

一是要明确、具体。对诉讼的请求事项一定要明确、具体地提出来，不要笼统、含糊。例如离婚案件，请求事项中要写明债务如何负担、财产如何分割等事项。

二是要合理合法。请求事项要以事实为根据，以法律为准绳，从实际出发，合情合理，合法有据。例如经济合同纠纷案件，由于被告违约，造成原告直接经济损失30万元，那么，要求被告赔偿的直接经济损失最高不得超过30万元。

三是文字要概括、简练。写请求事项，文字要求概括、简练，不必解释原因、说明理由，后文会展开阐述。

行政起诉状的请求事项，主要是向人民法院提出对行政决定予以撤销、变更的请求，或者请求人民法院判令行政机关履行某种行为或给予行政损害赔偿。

3.事实与理由

（1）事实与理由是诉状的主要内容，三种诉状有所区别。

犯罪事实，应当写明被告人在何时、何地、何种情况下，出于什么动机、目的，采取什么手段实施何种犯罪行为，造成什么后果。尤须注意把当事人之间的关系，犯罪的动机、目的和主要情况叙述清楚，便于人民法院调查核实，作出处理。

犯罪事实写清楚后，还应写明能证实被告人犯罪的证据，如人证、物证和书证等都需一一交代清楚。方法上既可以一边叙事一边举证，也可以在叙事完毕后集中列举证据。

起诉理由是自诉人对被告人犯罪事实的分析和评论，也是自诉人控告被告人犯罪的依据和原因。主要包括：有分析地说明证据价值，援引相应的法律条款，论证案情性质和从重、从轻、加重、减轻的情节等内容。

民事、行政起诉状的事由和理由，一是摆事实，二是讲道理。摆事实，要求写明被告侵犯原告民事权益的具体事实，当事人双方权益发生争执的具体情形，并要列举有关的证据。讲道理，就是对事实加以评论，分析纠纷性质，分清是非责任，明确权利和义务的关系等，并引用适当的法律条款作为起诉的依据。

（2）事实与理由应分开写，各有侧重。事实部分要围绕诉讼目的，全面反映案件的真实情况。要求：一是叙事要完整，即把民事、行政案件案情事实的时间、地点、人物、事件、原因、结果等六个要素及有关情况交代清楚。二是叙事要真实，实事求是地反映出客观事实的本来面貌。既要反映出有利于原告的事实和证据，说明原告应当享有的权利，又要反映出不利于原告的事实和证据，主动说明原告应承担的责任。既不要夸大对自己有利的情节，也不要渲染对对方不利的因素。三是叙事要明确，善于组织材料，合理剪裁，用词造句准确无误，做到表述恰当。

理由部分则要根据事实，对照有关法律条款作分析论证，理由是民事、行政诉状的重要内容，只有理由充分，合法合理合情，才具有说服力，诉讼的请求才站得住脚，诉讼目的才容易达到。

写理由就是讲道理：一是要在叙事的基础上，分析纠纷的性质，说明是非曲直；二是要分析证据，说明起诉所依据的事实的可靠性；三是论证权利和义务的关系，说明提出诉讼请求是合理合法的；四是引用恰当的法律条文说明起诉是有法律根据的。在具体的民事起诉状中，理由具体怎么写要根据事件的性质和具体的案情来确定，但一定要抓住重点，不要面面俱到。

4.尾部和附项

在写作格式上，刑事自诉状、民事起诉状的尾部和附项写法基本相同。

（1）写明呈送机关，分两行写“此致”“××人民法院”。“此致”缩进两格，“××人民法院”要顶格写。

（2）诉状右下方写明“具状人：××（签名或盖章）”，同时写明具状年月日。如果是律师代书，还需写明“××律师事务所律师××（姓名）代书”。

（3）附项。包括本状副本份数，一般按被告人的人数提交；证物×件；书证×件。

在具体司法实践活动中，民事起诉状的使用频率高于刑事自诉状。在民事起诉状中，又以经济合同、离婚、财产继承纠纷等居多。

（三）写作起诉状的注意事项

第一，当事人是公民的，应写明双方当事人的姓名、性别、年龄、民族、籍贯、工作单位及职位、住址（户籍地或经常居住地）、电话号码。当事人是法人或其他组织的，应写明名称、住所和法定代表人或者主要负责人的姓名、职务、单位、电话号码、邮政编码。

第二，写明诉讼请求和所根据的事实与理由。

第三，写明证据和证据来源，证人姓名和工作单位、住址。当事人对自己提出的主张，有责任提供证据。证据应递交原件或原物。证据材料若是用复写纸、纯蓝墨水、圆珠笔书写的，在提供原件时附复印件。当事人向人民法院提交书证应填写一式两份证据清单，详细写明提交证据的名称、页数，证据经人民法院承办人核对后，由承办人在证据清单上签字盖章，一份交当事人，一份备案。此外，还应提供与被告人数数量相同的副本。

第四，必须打印或用蓝黑墨水、碳素墨水书写，并按被告人数提供副本。如起诉人系法人或其他组织，尾部须加盖公章。

三、例文评析

民事起诉状

原告：××市经济开发区××装饰工程公司

法定代表人：李××　职务：经理

电话：×××××××

住所：××市开发区阳光住宅小区×楼×号

委托代理人：杨×，××市伟业律师事务所律师

电话：×××××××

被告：××市×××娱乐城（私营企业）

法定代表人：严××

职务：董事长

住所：××市幸福路××号

电话：×××××××

诉讼请求

1.被告偿还拖欠原告的工程款人民币35870元及利息。

2.被告承担全部诉讼费用。

事实与理由

2017年9月2日，被告与原告签订装修工程合同，约定原告为被告装饰铜门、扶手、吧台等项目，工程款为118700元。原告在施工期间和完工后的2017年9月30日、2017年11月20日，先后共收到被告的工程款82830元，被告尚欠35870元，至今未付。原告多次催要，但被告以工程质量不合格、娱乐城已歇业、无款可付等理由拖延。为保护原告的合法权益，根据《中华人民共和国合同法》等法律法规的规定，特起诉至贵院，请求依法解决。

证据及证据来源、证人姓名和住所（略）

此致

××市××区人民法院

附：本诉状副本1份

起诉人：×× 市经济开发区 ×× 装饰工程公司（公章）

法定代表人：李 ××

委托代理人：杨 ×

二〇一七年十二月七日

| 评　析 |

这则民事起诉状内容全面，标题、诉讼参与人基本情况、诉讼请求、事实与理由、接受诉状的人民法院、落款、附件等要素齐全。诉讼请求具体明确，事实与理由部分中的时间、地点、人物、事件、原因、结果叙述清楚，事实确凿，援引经济合同法条文恰当。

四、写作模板

提示	模板
首部 （1）标题 （2）当事人的基本情况 请求事项 事实与理由（一般分开来写） （1）事实部分 （2）理由部分 （3）证据表述 尾部和附项	民事起诉状 原告：×××××× 被告：×××××× 诉讼请求：×××××× 事实与理由：×××××× 证据和证据来源，证人姓名和住址：×××××× 此致 ×××××× 人民法院 附：本诉状副本 × 份 起诉人：××× ×××× 年 ×× 月 ×× 日

五、写作实训

下面是根据案情所写的一份起诉状，请指出存在的问题并修改。

案情： 2004年1月21日，岳阳市民何某来到一酒店就餐。由于酒店地面洒了些油水，何某不慎摔倒，造成左脚踝关节骨折，遂起纠纷。双方就赔偿事宜争执不清。何某遂起诉至法院。

起诉书

岳阳楼区人民法院：

我叫何××，今年35岁。今年1月21日，我应朋友之邀，到××大酒店去吃饭，结果因餐馆地面泼有许多油水，导致我走近餐桌时摔了一跤，摔成骨折。而酒店方拒绝赔偿我的医药费。我实在无法忍受，于是只好用打官司的方式来解决问题。请人民法院做主，判决××酒店赔偿我的全部医药费。

此致

敬礼

何××

任务二　上诉状

任务目标

1.掌握上诉状的基本概念和使用范围；

2.掌握上诉状的基本格式和写作要求；

3.学会写作简单的上诉状。

一、任务情境

2002年2月，××市发达公司派业务员刘某持公司专用介绍信到乙市商贸公司联系拟购一批日常用品。刘某在乙市期间结识丙县生活资料公司经理胡某。胡、刘协商，由刘某代表发达公司购买生活资料公司华乐牌彩电100台，价款210000元，双方签订了合同，由丙县生活资料公司分两批运到发达公司，货到付款。胡某送给刘某10000元“好处费”，言明生意做成之后再送6000元。2002年3月21日，第一批彩电50台由胡押运至发达公司，但发达公司经理贺某表示不知此事，不同意收货。后经协商，发达公司同意留下这批货看有无销路再说。由于这批彩电质量不过关，到5月份才售出10台。丙县生活资料公司几次来取货款均没有结果，于是向甲市××人民法院起诉，认为刘某的代理行为已经发达公司认可，合同应为有效，要求发达公司履行合同，接受100台彩电，支付价款并承担诉讼费用。甲市××人民法院于2003年3月作出判决：原订合同部分有效，发达公司支付原告50台彩电价款105000元，合同不再履行，诉讼费用由原告、被告各承担50%。发达公司不服一审判决提起上诉。那么，上诉状该怎么写呢?

二、知识点击

（一）上诉状的含义、分类、特点和作用

1.上诉状的含义、分类

上诉状，是民事、行政或刑事案件的当事人对地方各级人民法院作出的第一审民事、行政或刑事判决或裁定不服，按照法定的程序和期限，向上一级人民法院提起上诉时使用的文书。

上诉状分为刑事上诉状、民事上诉状和行政上诉状。

2.上诉状的特点和作用

（1）刑事上诉状

刑事上诉状是刑事诉讼当事人及其法定代理人，不服各级人民法院的第一审刑事判决或裁定，依照法定期限，向上一级人民法院提起上诉，请求撤销或变更原审裁判的书状。

刑事上诉状具有以下特点：

①必须是刑事诉讼当事人及其法定代理人提起上诉。

②必须是对地方各级人民法院（而不能是对最高人民法院）第一审（而不能是对第二审，第二审裁判是终审裁判）裁定或判决不服提起的。

③必须按照法定程序和期限提起，即在法定的期限内，向作出第一审裁判的法院的上一级法院提起，不能超期，也不能越级。

刑事上诉状是第二审人民法院受理案件并进行审理的依据，有利于保护刑事案件当事人的合法权益，有利于防止冤假错案的发生，有利于保证审判质量。

（2）民事上诉状和行政上诉状

民事上诉状、行政上诉状是民事、行政诉讼当事人及其法定代理人，不服地方各级人民法院第一审民事、行政判决或裁定，依照法定程序和期限，向上一级人民法院提起上诉，请求撤销或变更原审裁判而提出的书状。

民事、行政上诉状具有以下特点：

①必须由民事、行政诉讼当事人及其法定代理人提起，别人无权提起。

②必须是对地方各级人民法院第一审裁判不服才提起的。

③必须依照法定程序和期限，向作出第一审裁判的法院的上一级人民法院提起上诉。

民事、行政上诉状是第二审人民法院受理案件并进行审理的依据，通过民事、行政上诉状，可以使第二审人民法院了解上诉人对第一审裁判的看法、意见、要求，有助于正确、及时、合法地处理案件，保证审判质量，防止错案的发生，有利于保护第一审民事、行政案件败诉一方当事人的合法权益。

（二）上诉状的结构和写法

上诉状的格式由标题、首部、主部、尾部四个部分组成。民事、行政、刑事各类案件上诉状的格式基本相同。

1.标题

根据案件性质的不同，分别以“刑事上诉状”“刑事附带民事上诉状”“民事上诉状”“行政上诉状”等作为标题，居中书写。

2.首部

其写法与起诉状基本相同，只是将“原告人”“被告人”相应地改为“上诉人”“被上诉人”，并在各自的后面用括号注明在原审中所处的诉讼地位，即是原审原告、原审被告还是第三人。刑事公诉案件无被上诉人，不能说被上诉人是人民检察院，因而只写上诉人的基本情况。上诉人如有法定代理人，还要写明法定代理人的基本情况及与上诉人的关系。

3.主部

这是上诉状的主体部分，由上诉案由、上诉请求、上诉理由三个部分组成。

（1）上诉案由，即写明上诉人不服原审判决或裁定的事由，具体包括原审人民法院的名称、处理时间、文书编号、文书名称和上诉表示等内容。通常表述为：“上诉人因××一案，不服××人民法院于××××年××月××日作出的第××号××判决（或裁定），现提出上诉。”

（2）上诉请求，即提起上诉的要求或目的。上诉人针对第一审人民法院裁判的不当之处，向第二审人民法院表明上诉目的和要求，明确提出诉讼主张，要求第二审人民法院撤销、变更原审裁判，或请求重新审理案件。

要求全部改判的，上诉请求应先写明“撤销原判”，再写明要求第二审法院作出怎样裁判的具体请求。上诉目的是部分改判的，上诉请求应先写明“撤销原判决中的第×项（或第×项中要求改判的具体内容）”，原判决中没有分项判决的，直接写明要求改判的具体内容。如果是认为一审判决漏判的，则应写明“增判××××”。

上诉请求是上诉状的纲要，要求具体明确，全面完备。有多项请求事项的，可分条列述。

（3）上诉理由。上诉理由是论证上诉人的上诉请求的，理由是否充分得力，直接关系到上诉请求能否成立。上诉理由不再针对对方当事人的无理之处进行说理论证，而必须依据事实和法律，针对原审裁判的错误所在，进行辩驳，以阐明纠正或否定原审裁判的事实与法律依据。

上诉理由主要从以下几个方面去考虑：

第一，认定事实方面是否有错。事实是原审法院审理和裁判案件的根据，也是决定被告人是否犯罪侵权及罪责大小轻重的主要依据。因而，上诉人在提出上诉理由时可首先从事实入手，分析原审裁判在事实的认定上是否有错。如果上诉人认为原审裁判所认定的事实与案情本身有出入，或者事实不清，或者遗漏了有关重要情节，或者证据不足，就应有针对性地提出问题所在，客观地陈述案情或补充新的重要事实，并提供可靠的证据，以澄清事实真相，阐明自己不服原判的理由。

第二，案件的定性和处分尺度上是否有误。上诉人可以在上诉状中有针对性地分析原审裁判对其行为的法律判断是否恰当，对案件性质的确定是否准确，在处分尺度上是否合理，从而指出原审裁判错误之所在，并依据适当的法律条款提出案件应如何定性、如何量刑、如何处分。

第三，适用法律是否恰当。如果上诉人认为原审裁判违反了法律条文，或者引用法律条文不准确，或者曲解了法律条文，就应具体指出原审裁判在运用法律上的不当之处及引用法律条款错误的原因所在，说明应当引用的正确的法律条文，并提出理由，对其加以具体的分析论证，以反驳原审裁判在适用法律上的错误，以便第二审法院作出正确的审查、判断。

第四，在审判程序上是否存在问题。上诉人可以针对原审裁判在审判程序方面的错误，提出纠正的事实与法律依据。违反审判程序，如应回避的未回避，应有辩护人的案件而无辩护人，应公开审理的而未公开，应传唤的证人而未传唤，如果因此而影响了司法公正，上诉人就可据此提出上诉的理由，并说明其事实根据和法律根据。

上诉理由写完之后，上诉人经过摆事实、讲道理和有理有据的辩驳，应概括重申上诉请求，进一步明确提出自己的上诉主张和要求。

4.尾部

尾部应写明受理上诉的人民法院名称，所附上诉状副本份数及一并提交的书证与物证的名称和件数，上诉人的姓名或单位名称并盖章，上诉日期。民事、行政上诉状副本份数按被上诉人人数附交，刑事上诉状副本附两份。

（三）写作上诉状的注意事项

第一，上诉人必须符合法定的上诉条件。

第二，上诉必须在法定的期限之内，逾期上诉无效。

第三，提出上诉请求和理由要有理有据，有的放矢。

第四，陈述要层次分明，条理清晰。

三、例文评析

民事上诉状

上诉人（一审原告）：王某，男，生于1960年12月8日，汉族，济南××科技发展有限公司经理

被上诉人（一审被告）：山东某房地产公司

住所地：济南市××区××村××号

法定代表人：邓某某　职务：董事长

上诉人王某不服济南市××区人民法院2008年10月21日作出的（2008）××民商初字第1150号民事判决书，现提出上诉。

上诉请求：

1.请求人民法院撤销一审判决，依法改判。

2.本案的诉讼费用由被上诉人承担。

事实与理由：

一、一审法院以因原、被告在合同中仅约定逾期办证退房退款，而未约定支付违约金为由，认定上诉人要求被上诉人支付违约金、增加违约金的诉求于法无据，属于适用法律错误，涉嫌枉法裁判。

本案毋庸置疑的事实是被上诉人在履行与上诉人之间的商品房买卖合同中严重违约，在商品房交付使用后360个工作日内没有将办理权属登记需由出卖人提供的资料报产权登记机关备案，致使上诉人的房产证无法在约定期限内正常办理，对此被上诉人应当承担逾期办理房产证的违约责任。

上诉人和被上诉人在2005年5月26日签订的商品房买卖合同第15条约定，出卖人应当在商品房交付使用后的360个工作日内，将办理权属登记需由出卖人提供

的资料报产权登记机关备案，如因出卖人的责任，买受人不能再在规定期限内取得房地产权属证书的，双方同意按以下第1项处理：

1.买受人退房，出卖人在买受人提出退房要求之日起30日内将买受人已付房价款退还给买受人，并按已付房价款的0.5%赔偿买受人损失。

2.买受人不退房，出卖人按已付房价款的0.5%向买受人支付违约金。依据合同的此款约定，在被上诉人办证期限违约的情况下，上诉人有选择退房的权利，但不能认为此条款是赋予了违约方在违约后有收回房屋的权利。

也就是说，在被上诉人违约而上诉人又不想行使退房的权利时，对于违约方如何承担违约责任的问题在合同中没有约定。《最高人民法院关于审理商品房买卖合同纠纷案件司法解释》第18条规定：合同没有约定违约金或者损失数额难以确定的，可以按照已付购房款总额，参照中国人民银行规定的金融机构计收逾期贷款利息的标准计算。

根据上述法律规定，在上诉人选择不退房的情况下，主张参照合同第15条第2款关于不退房时的违约金计算标准并要求增加违约金有明确的法律依据。一审法院以合同仅约定退房而未约定支付违约金驳回起诉显然是判决错误，明显违反了《中华人民共和国合同法》和《最高人民法院关于审理商品房买卖合同纠纷案件司法解释》的相关规定。

二、一审法院对本案部分主要事实没有查清。1.对双方有争议的房屋交付时间没有查清。2.对双方有争议的住房公共维修基金缴纳时间没有查清。3.对双方有争议的被上诉人开发建设的济南市东环国际广场房产证大证的办理时间没有查清。

三、一审法院在判决书第5页第4行关于“证实被告于2007年7月19日才将该基金予以缴纳”的表述令人费解。如果是笔误应及时修正，以维护法律文书的严肃性。

四、上诉人诉求的是请求法院判令被上诉人在30日内为上诉人办理济南市××路××号××座××号房屋产权过户手续，而一审法院的判决结果是限被上诉人于判决生效90日内协助办理。既然被上诉人已经具备了办证条件，为何不判决其在30日内协助办理呢？

综上所述，被上诉人存在明显违约的过错行为，极大地损害了上诉人的合同权益，而在这种情况下，一审法院却判决被上诉人不承担任何违约责任，放纵违约方，漠视弱者的合法民事权益，明显违反了法律的公平原则以及诚实信用原则，损害了当事人的合法权益。为了正确适用法律，依法维护法律的尊严，维护上诉人的合法权益，请二审法院对本案依法改判。

此致

××××人民法院

上诉人：×××

××××年××月××日

|评　析|

这是一份项目齐全、结构完整、符合要求的民事上诉状。

四、写作模板

提示	模板
标题	民事上诉状
首部	上诉人（原审原告）：××，×岁，汉族，×省×市人，无业，现住×市×区×路×号，电话×××××××。 被上诉人（原审被告）：××，男，×岁，汉族，×省×市人，×市×区×单位干部，现住×市×区×路×号，电话×××××××。
主部 （1）上诉案由	上诉人因×××一案，不服×××人民法院××××年××月××日（××××）×民初字第×号判决（裁定），现提出上诉。
（2）上诉请求	上诉请求： 1. 请求二审法院依法撤销（变更）×××人民法院的（××××）×民初字第×号民事判决。 2. 请求二审法院在查清事实的基础上，依法改判。 3. 请求二审法院判决被上诉人承担本案（或者一二审）的全部诉讼费用。
（3）上诉理由	上诉理由： 上诉人认为一审法院（认定事实错误、定性不准确、适用法律不当等），事实如何、应当如何。 理由一：一审判决认定×××，然而根据××法律××条款规定，事实如何、应当如何。 理由二：同上。 理由三：同上。 综上所述，一审法院（认定事实错误、定性不准确、适用法律不当），因此请求法院查明本案全部事实，××××××，撤销一审判决，依法进行改判，判令××××××。
尾部	此致 ×××市中级人民法院 附：本上诉状副本×份 上诉人：××× ××××年××月××日

五、写作实训

根据下列案情拟写一份上诉状，不明确的内容以“××”表示。（法律提示：不动产的相邻各方为了正常的生产和生活，应互相给他方以必要的便利，为此，一方有权利用他方的不动产或请求他方排除妨害。）

××县××乡××村村民何××与郭××的承包地相邻。其间有一条1米多宽的小道分隔。何××种的是蔬菜，郭××则自2000年起在其承包土地上改种杨树苗。不出两年，杨树苗长成6米多高。看到郭××家的杨树苗已影响到自己种的蔬菜的采光，何××便找郭××协商，请求其移走靠小路一侧的一批树苗。郭××却说：“我的树种在自家地里，关你什么事！”双方不欢而散。结果当年何××种的大白菜就出现了不卷心的现象，初步估算损失5000余元。何××找村干部调解，未果，不得不起诉至法院，请求判决郭××移走杨树苗，并赔偿5000元经济损失。一审法院审理后认为，原被告均有权自主使用其承包土地，任何一方均不能干涉另一方的用地行为，故判决驳回原告诉讼请求。何××不服，欲提起上诉。

任务三　答辩状

任务目标

1. 了解答辩状的含义和特点；
2. 掌握答辩状的基本格式和写作要求；
3. 学会写作答辩状。

一、任务情境

李山林、徐小华系夫妻，生有子女二人，长子李平，次女李云，一家四口住W市北区文山路。1980年，李平与杨玉结婚；1991年，李平因公死亡，杨玉与公婆一起生活；1992年，李山林病逝；1994年，李云结婚另过；2003年，徐小华病逝。在房产的继承上，李云与杨玉发生争执，李云起诉至W市北区人民法院称，自己是唯一合法的继承人，杨玉虽与父母住在一起，但未尽赡养义务，故请求判决由李云一人继承母亲的遗产房屋五间（150平方米）。试问，杨玉对此该写什么诉状？

二、知识点击

（一）答辩状的含义、分类、特点和作用

1.答辩状的含义和分类

答辩状是指在刑事、民事和行政诉讼活动中，被告或被上诉人针对原告、上诉人的诉状内容，作出的一种答复和辩解的书状。答辩是当事人的一种权利。

答辩状分为民事答辩状、刑事答辩状、行政答辩状三类。

2.答辩状的特点和作用

答辩状在诉讼活动中具有重要的作用，其作用表现为：一是有利于人民法院全面了解诉讼双方的意见、要求，以便全面、公正地审理案件；二是有利于维护被告人、被上诉人的合法权益；三是充分体现诉讼当事人权利平等的原则。

（二）答辩状的结构和写法

答辩状一般由首部、正文、尾部及附项组成。

1.首部

（1）标题。应写明文书名称，即一审写为“民事答辩状”或者“行政答辩状”，二审写为“民事被上诉答辩状”或者“行政被上诉答辩状”。

（2）答辩人身份等基本情况。

2.正文

这是答辩状的核心部分，必须针对起诉或上诉状的内容进行答辩。

（1）答辩事由（案由）。写明对何人起诉或上诉的什么案件提出答辩。第一审案件答辩状和上诉案件答辩状其事由的写法不同，现分别说明。第一审案件答辩人是被告人，答辩事由的具体行文为：“因××（案由）一案，现提出答辩如下。”上诉案件答辩状的答辩人是被上诉人，答辩状具体行文为：“上诉人×××（姓名）因××（案由）一案不服×××人民法院××××年××月××日×字第×号×事判决（或裁定），提起上诉。现提出答辩如下。”

（2）答辩理由。答辩理由是答辩状的主体部分，写法没有统一的规定，一定要针

对原告在诉状中提出的事实和理由，或上诉人在上诉状中提出的上诉请求和理由进行答辩，并可提出相反的事实、证据和理由，以证明自己的理由和观点是正确的，提出的要求是合理的。

3.尾部

写明受状法院名称，附件的名称和份数，由答辩人签名或者盖章，写明答辩日期。

三、例文评析

民事被上诉答辩状

答辩人：××市××××房地产开发总公司代表何××，公关部经理。

案由：上诉人张××因房屋拆迁一案，不服××市××区〔19××〕民字第19号的判决，提出上诉。现答辩如下：

答辩理由：为了适应本市商业发展的需要，我公司于19××年12月向市城建规划局提出申请报告，要求拓宽新建丝绸百货大楼前面场地150平方米。市城建局于12月25日以市城建字〔19××〕71号批文同意该项工程。同年在拓宽场地过程中，需要拆迁租住户张××一户约18平方米的住房，但张××提出的要求过于苛刻，几经协商，问题未能解决。答辩人不得已于19××年1月××日起诉于××市××区人民法院。××市××区人民法院于19××年2月以〔19××〕民字第19号判决书判处张××必须于19××年3月底前搬迁该屋，并由市房地产开发总公司提供不少于原居住面积的房屋租给张××居住，但张××仍无理取闹。据此，答辩人认为张××的上诉理由是不能成立的。

一、张××说我们拓宽新建丝绸百货大楼前面的场地是未经批准的。这是没有根据的。一审法庭曾审查过房地产开发总公司要求拓宽新建丝绸百货大楼前面场地的报告和市城建局城建字〔19××〕71号的批文，并当庭概述了房地产开发总公司的报告内容，还全文宣读了市城建局的批文。这些均有案可查。张××不能因为要求查阅市城建局的批文，未获准许，而否认拓宽工程的合法性。

二、张××说我们未征得她本人同意，与房主×××订立房屋拆迁协议是非法的。这更无道理。张××租住此屋，只有租住权，并无房屋所有权。所有权理当归属房主×××。我们拓宽场地，拆毁有碍交通和营业的房屋，理当找产权人处理，张××无权干涉和过问。

应当指出，对于张××搬迁房屋一事，我们已作了很大的让步和照顾。我们答应她在搬迁房屋时提供离现居住房屋500米的××新建宿舍大楼底层朝南房屋一间，计20平方米，租给她居住。而张××还纠缠不清，漫天要价，扬言不达目的决不搬迁。

综上所述，答辩人认为××市××区人民法院的原判决是正确的，合法而又合情合理，应予维持。

此致

××市中级人民法院

答辩人：××市房地产开发总公司

代表：何××

一九××年四月二十五日

|评　析|

这是一份内容完备的答辩状。

四、写作模板

提示	模板
首部 (1)标题 (2)答辩人基本情况 正文 (1)答辩案由 (2)答辩理由 尾部 (1)呈送的机关 (2)附项 (3)右下方写明答辩人姓名，并注明年月日	××答辩状 答辩人：姓名、性别、出生年月、民族、文化程度、工作单位、职业、住址。 （答辩人如为单位，应写明单位名称、法定代表人姓名及职务、单位地址） ×××因××一案不服×××，提起上诉。现提出答辩如下： 请求事项：（写明答辩所要达到的目的） 事实和理由：（写明答辩的事实依据和法律依据） 此致 ×××人民法院 附：本答辩状副本×份 答辩人：×××（签名或盖章） ××××年×月××日

五、写作实训

请指出下面这份答辩状存在的问题或不足。

答辩状

××市××区人民法院

××公司告我厂违约实在是冤枉。事实是双方签订了份合同，约定由我厂为××公司加工装配一批电子原件，但××公司未能按规定的时间提供原材料。我厂为了不使机器停机，只能改做其他单位的加工订单，因此才使得我们给××公司的交货超过了规定时间。所以责任主要在对方，希望人民法院能查明事实，作出公正的判决。

答辩人：×× 电子原件厂厂长雷 ×

1998 年 ×× 月 ×× 日

图书在版编目（CIP）数据

应用写作/赵玉柱，于朝兰主编.--济南：山东人民出版社，2018.8（2019.2重印）
ISBN 978-7-209-11441-7

Ⅰ.①应… Ⅱ.①赵… ②于… Ⅲ.①汉语－应用文－写作－教材 Ⅳ.①H152.3

中国版本图书馆CIP数据核字(2018)第112549号

应用写作
赵玉柱　于朝兰　主编

主管部门　山东出版传媒股份有限公司
出版发行　山东人民出版社
出 版 人　胡长青
社　　址　济南市英雄山路165号
邮　　编　250002
电　　话　总编室（0531）82098914
　　　　　市场部（0531）82098965
网　　址　http://www.sd-book.com.cn
印　　装　日照报业印刷有限公司
经　　销　新华书店

规　　格　16开（184mm×260mm）
印　　张　14.5
字　　数　260千字
版　　次　2018年8月第1版
印　　次　2019年2月第2次
ISBN 978-7-209-11441-7
定　　价　32.00元